丹野　勲
中山　健

データサイエンスと経営学

研究方法、データ分析、フィールドワーク

JN100545

御茶の水書房

目　次

はしがき

　本書は、「データサイエンスと経営学」、特に経営学の研究方法、フィールドワーク、経営・マーケティング戦略に活かすデータ分析、多変量解析の方法、アンケート調査データによる仮説の検証、ビッグデータ、第4次産業革命、IoT、人工知能、ロボット、メタバース、などについて著者らが理解していることを平易に解説したものである。また、学術論文の書き方、国際経営学の研究手法、海外での現地調査の方法、事例（ケース）研究に関しても詳しく説明した。

　情報技術（IT）や人口知能の発展により、企業や自治体が様々なデータを豊富に収集・活用できる時代が到来し、高等教育機関におけるデータサイエンス教育強化の必要性が中央教育審議会（2018年）において提言された。さらに、政府の方針「AI戦略2019」においても大学生全員を対象としたデータサイエンスの知識・技術を有する人材育成（目標2025年）が掲げられた。近年、データサイエンス学部の新設が相次いでおり、文理を問わずデーサイエンスを全学必須化にする大学も出てきている。

　一方、教材となるデータサイエンスの書籍を調べると、その多くが理系の学生や数学をある程度理解している者を対象とした内容になっており難解な数式が多用されている。その反面、文系学部や入試で数学を選択せずに入学してきた学生を対象にした書籍がほとんど見当たらないのが現状である。そこで、文系の中でも社会科学系や人文科学系学部の初学者を対象とした、最低限の数式使用に抑えた経営学とデータサイエンスの入門書として本書を執筆した。著者らは、国内外での各種の調査を長年行ってきた。その経験からえられた、知識、ノウハウ、方法、手法、などについても述べた。

　著者らは共に、古くからデータサイエンスに関する先駆的研究と教育を行っていた筑波大学大学院経営政策科学研究科・社会工学系（つくば研究学園都市の「筑波キャンパス」）で学んだ。当時はまだ一般的でなかった経営学などの社会科学領域において、数量的データを用いて、コンピューターによる多変量

解析手法により統計的に解析するという、最新のデータサイエンスを学んだ。

　著者の一人である丹野は、特に海外を対象とした、質問紙調査によるデータ分析、フィールドワーク、ケース研究などを長年行ってきた。また、もう一人の著者である中山は、主として中小企業などの国内企業を対象としたデータ分析やケース研究を長年行ってきた。本書は、両名のデータサイエンスによるデータの数量的分析およびフィールドワーク・ケース研究などの定性分析、といった実証的研究の経験を基に執筆したものである。

　本書は、データサイエンスに関心のある大学生、大学院生、研究者に読んでほしい。また、大学1，2年生といった初年度の学生を対象とした経営学入門や研究方法、学術論文の書き方、データ分析の方法と解析など、データサイエンスの入門書としても読んでほしい。さらに、大学の研究者や学生のみならず、企業のマーケティングや調査などの部門の実務家の方にも読んでいただきたい。

　本書を出版するにあたり、御茶の水書房の小堺章夫氏には、前著に続けてお世話になり、深く感謝したい。

2023 年 11 月 26 日

丹野　勲

中山　健

第1章 経営学とデータサイエンス

■ 1 経営学とは何か

経営学（Management）は、組織体の管理・行動に関する社会科学である。ただし、工学（経営工学、社会工学など）や情報科学などの自然科学的アプローチも用いられることもある。その意味で、経営学は総合科学であるともいえる。近年、情報化、コンピューター、ビッグデータ、人工知能（AI）、IoT（モノとモノとのインターネット）、ロボット、メタバースなど、いわゆる第4次産業革命の進展、環境問題の深刻化などの背景から、経営学においても工学や情報科学・自然科学的視点での研究の重要性も高まっている。経営学は、グローバルなレベルでダイナミックに変貌している現代社会において、最も今日的で問題解決的な学問であり、未来志向的でもある。

経営学の研究対象は、企業が中心である。企業には、個人企業、合資会社、合名会社、株式会社などの民間企業、および公有企業、公営企業などの公企業がある。企業で最も多いのは、株主が出資額限りの責任しかとらない有限責任（それに対して無限責任とは会社の債務に対して出資者全員で連帯して出資額にかかわらず無限に責任をとること）という特徴を持ち株式を発行して資本を調達する株式会社である。世界的にみても、民間の営利企業では、株式会社形態の企業が最も多くなっている。

そのほか、経営学の研究対象では、協同組合（農協、生協、信用組合など）、各種法人（学校法人、医療法人、社会福祉法人、農業法人、特殊法人など）、NPO（特定非営利活動法人）、NGO（非政府組織）、スポーツ団体、国際機関、ボランティア団体、などの非営利組織も含まれる。

1−1 経営学の特徴─歴史の新しい学問、学際性、実践性、人間性

経営学は、他の社会科学の学問、例えば経済学、法学、社会学、などと比較すると、比較的新しい学問である。ドイツ、アメリカなどの欧米等を中心として、発展してきた学問である。

経営学の特徴として、以下のように学際性、実践性、人間性がある。

第1に、経営学は、経済学、法学、工学、心理学、社会学、政治学、歴史学、文化学、国内や海外の地域研究、情報学、人類学などの学問分野と密接に関わる（経営経済学、経営法学、経営工学、経営心理学、経営社会学、経営史学、経営文化論、地域経営論、情報経営学、経営人類学などの専門分野もある）という学際性・インターディスプリンを持っていることである。その意味で、経営学は総合科学である。

第2に、実践的・問題解決的なアプローチを重視していることである。特にアメリカ経営学は、政策論や技術論として、企業経営に実際に役立つことを重視している。すなわち、どのように企業・組織を経営すれば、利益を上げ、成長するかという、実践理論である。企業成長のための、経営戦略、M＆A（合併と買収）、戦略提携、人的資源管理、グローバル化、も重視している。アメリカのビジネススクール（大学院レベルの教育研究機関）での教育研究においては、この傾向が強い。アメリカなどを中心とした欧米諸国では、経営大学院修了者（MBA学位取得者）が経営者や管理者の主要な候補者となっている。また、アメリカの経営学者は、民間企業のコンサルタントを行ったり、コンサルタント出身者など、民間企業と交流している傾向がある。

第3に、人間的なアプローチも重視していることである。経営学は、企業・事業の運営の構成員としての「人間が組織で働くこと」に関する研究であるという側面もある。「企業と人間」、「働きがい」、「組織と人間」、「労働の人間化」、「働く意味・意義」、「モチベーション」、などの研究視点は、経営学が「人間の学」であるということもいえる。

1−2 社会科学としての経営学

経営学が社会科学である限り、グローバル・歴史的な視点から、普遍的な経営理論の構築が必要である。すなわち、社会科学としての経営学は、原因と結

果、理由・動機と行動・結果といった、因果関係、一般的な法則、理論を探求することである。また、概念構築・分類、制度・構造分析、パラダイム構築、などもある。さらに、人類の歴史の発展につれて、企業や経営がどのように変化してきたかに関する、歴史的視点からの理論構築もある。

　経営学は、社会科学での数量分析・データ分析・ビッグデータ分析という手法もよく行われる。原因と結果、理由・動機と行動・結果といった因果関係、など一般的な法則を探求することである。そのためにデータ分析による仮説検証が多く使われる。また、仮説以外に新しい因果関係がみつかるという事実発見もある。データ分析では、相関分析と多変量解析がよく使われる。

　企業のグローバル化が急速に進展してきている。そのなかで、企業を中心とした組織体の管理・経営のあり方が国際的に相違しているという国際比較経営の視点も必要である。このように、国際的観点から各国企業の共通性と相違性について、国際比較経営と歴史比較経営の観点からの研究は、今後ますます重要となるであろう。

　すなわち、将来・未来のグローバルな企業経営の収斂（Convergence）と拡散（Divergence）である。著者は、将来、世界的にみて、企業経営は収斂する方向はあるものの、各国独自の企業経営（たとえば、いわゆる「日本的経営」など）は残り、その意味で拡散・多様性は存在するであろうと考えている。

　さらに、経営学では、歴史的視点も必要である。企業経営が、時間の経過とともに変化してきているという歴史的視点での分析も必要である。組織体の管理の歴史的変遷を、理論的・実証的に研究するのである。また、歴史的視点から各国企業の共通性と相違性について、さらにその歴史的発展に関して、歴史比較経営の観点から研究するのである。そうすることで、将来・未来の経営も予測ができるかもしれない。

　以上のように、経営学は、組織体の管理・行動に関して、国際比較的視点と歴史比較的視点を持って、理論を構築することが重要である。

1-3 経営学研究の分野・体系
1-3-1 経営学の職能分野の研究
　経営学では、経営の職能・機能からの研究体系が一般的で、主要な分野とし

て以下がある。

　第1は、企業論である。研究内容として、合名会社、合資会社、株式会社、公企業、公私混同企業、協同組合、法人、NPOなどがある。

　第2は、経営戦略論である。研究内容として、基本企業戦略、多角化、専門化、垂直的統合、戦略提携、内部化、合併と買収（M&A）、経営理念、ドメイン（事業範囲）、モジュール化などがある。

　第3は、経営組織論である。研究内容として、マクロ組織論とミクロ組織論の分野がある。マクロ組織論では、組織構造、部門化、階層化、専門化、分権化、権限、ポリティック、組織文化、組織間関係、などがある。ミクロ組織論では、組織行動、経営心理、モチベーション、リーダーシップ、パワー、グループダイナミックス、などがある。

　第4は、マーケティング論である。研究内容として、市場戦略、サプライチェーン、インターネット、EC（電子商取引）、流通・販売経路、価格、販売促進、広告、ブランド、などがある。

　第5は、人事管理論、人的資源管理論である。研究内容として、採用、配置、昇進、人事評価、退職、キャリア、職務分析、教育・訓練、賃金、労働時間、労働条件、労使関係、労働組合、などがある。

　第6は、コーポレートガバナンス論である。研究内容として、企業統治、会社の機関、経営者支配、機関所有、法人所有、などがある。

　第7は、生産管理論、生産マネジメント論、経営工学である。研究内容として、品質管理、購買管理、工程管理、コスト管理、作業管理、資材管理、生産性、検査、品質工学、信頼性工学、生産工程、オートメーション、自動化、ロボット、IoT、などがある。

　第8は、研究・開発論（R&D）である。研究内容として、製品開発、新製品開発、基礎研究、開発研究、応用研究、生産設備開発、知的財産管理、イノベーション、などがある。

　第9は、財務・会計論である。研究内容として、原価管理、管理会計、国際会計、簿記、財務、などがある。

　第10は、経営史論である。研究内容として、経営学説史、日本経営史、欧州経営史、アメリカ経営史、アジア経営史、企業経営史、株式会社経営史、協

同組合経営史、歴史比較制度、などがある。

　第11は、国際経営論である。研究内容として、国際経営環境、貿易、国際地域研究、国際経営戦略、国際生産、国際マーケティング、国際人事、国際組織、国際研究・開発、国際戦略提携、などがある。

1-3-2　経営事業体・経営環境・トピックに関連する分野の研究

　各種の経営事業体や組織を対象とした研究体系もある。

　中小企業論、企業形態論、公益事業論、流通論、物流論、交通論、港湾論、航空論、観光論、公益事業論、ソーシャルビジネス論、経営倫理論、環境経営論、協同組合論、NPO論、SDGs論、などがある。

2　経営学の研究方法

　経営学の研究方法としては、数量分析として、データ分析、ビッグデータ解析、また、質的分析として、文献研究、フィールドワーク、ケース（事例）研究、現地調査、企業調査、質問紙調査、などがある。

　経営学研究の分析方法としては、仮説検証、文献・資料研究、理論構築、概念構築、歴史研究・歴史制度比較研究、国際比較研究、国際地域研究、国内地域研究、などがある。

2-1　データ・数量分析

　経営学では、データによる数量分析によって、仮説検証、原因と結果といった因果関係、一般的な法則を解明するという研究手法がよく使われている。また、データの数量分析により、現状・実態の解明、事実発見を目的とした研究もある。

　その中で最も多いのは、仮説を構築し、データ分析により仮説検証する研究手法である。そのようなデータ分析により、仮説以外の新しい因果関係、新しい概念、などが見つかるという事実発見もある。また、データ分析では、いわゆるビッグデータ解析を行うこともある。

　データ分析では、統計手法としてクロス集計、相関分析、多変量解析などが

よく使われる。多変量解析の種類は多様であるが、t検定、判別分析、重回帰分析、因子分析、主成分分析、パス解析、クラスター分析、などがよく用いられる。簡単な相関分析や多変量解析は、マイクロソフトのエクセルなどでもできるが、コンピューターソフトSPSSは、多変量解析によく利用されている。

2-2 フィールドワーク

経営学の研究手法として、調査対象の現地に入り込み、体験し、参与観察し、インタビュー・聞き取り、さらに、場合によっては質問紙調査などを行うというフィールドワークがある。

フィールドワークの基本は、現地に行き、現場を訪れ、資料を蒐集し、聞いたり、見たりし、人間関係も築き、さらに、歩いて考えるという体験・観察が重要である。また、調査対象を取り巻く環境も、よく調べる必要がある。たとえば、業界、顧客、サプライヤー、労使関係、地域社会などの企業の環境、経済、産業政策、社会、歴史、文化、宗教、家族制度、政治、労働制度、などの国・地域の環境である。

著者は、ベトナム研究でフィールドワークを行った経験がある。ベトナム各地に行き、現地で資料や文献を蒐集し、日系企業・現地資本企業・欧米系企業など数十社を訪問し、経営者や現地従業員への聞き取り、工場見学、アンケート調査、観察などを行った。その際、ベトナムの経営環境としてのドイモイ政策、外資導入政策、ベトナムの文化、人的資源、労働政策、労使関係などについても詳しく解明した。

フィールドワークの基本は、現地に行って、なんらかの形で現地や研究対象の企業・組織に入り込むことである。

文化人類学でよく行われている「参与観察」のようなものである。理想的には、調査企業の中に長期間入り込んで、企業の内部・現場・組織・集団・人間などを観察、聞き取り、出来れば現場の人と同じ仕事を体験・参加し、人間関係を築き、文書・資料などを収集し、研究するという、フィールドワークを行うことがベストである。さらに、直接観察できない出来事（過去に起こったことや別の現場など）について、他のメンバーからの聞き取りによって情報を収集し、分析する。

現実には、企業の内部で長期間フィールドワークを行うことは、企業の秘密保持などの観点から、近年、難しくなってきているが、それを実施できれば大きな成果をえられる可能性がある。

著者は、オーストラリアでもフィールドワークをした経験がある。オーストラリアに、数年間にわたって数回、モナッシュ大学とラトローブ大学の客員研究員として滞在し、オーストラリアの現地企業、日系企業などへのフィールドワーク調査を実施した。その成果として、『異文化経営とオーストラリア』（中央経済社）を出版したので、興味のある方は読んでいただけると幸いである。

2-3 ケース（事例）研究

ケース研究とは、企業、組織、集団、業種、産業、国、国際地域、国内地域、先進諸国、発展途上国、世界などの領域・地域、または、経営管理、戦略、マーケティング、組織、人事、生産、財務、研究・開発（R&D）、国際化、歴史、などの経営分野での事例研究である。データ分析による方法もある。ケース研究は事例が明確なので研究しやすい。複数の領域・地域や分野にまたがったケース研究も多い。

たとえば、「ユニクロの経営」、「キャノンの国際化戦略」、「セブンイレブンの経営戦略」、「日本自動車産業の歴史」、「アメリカでの日系企業の現地経営」、「タイでの日系企業の現地化戦略」、「アセアンでの日系電機産業」、「横浜みなとみらいの観光」、などが事例研究である。

事例・ケースを基にして、特徴、経営戦略、経営管理、経営行動、歴史、現状、企業比較、経営環境、国際比較、将来・未来、など多様な視点で深く解明する研究手法である。その際、国内企業同士、国内企業と海外企業といった複数の事例を比較するという比較経営研究も多い。国や国際地域をケースとする場合、国や地域の文化・社会・経済・政治・歴史といった国際経営環境の視点での研究も重要となる。

2-4 文献研究

経営学研究では、文献研究は最も基礎的で、重要な研究手法である。経営学の古典を読むことは有益である。経営学の分野でも、経営学説史があり、主に

内外の古典を中心とした研究がなされている。古典は、現在・未来の経営学を考えるうえでも参考となる。

　データ分析や定性的・実証的研究をする場合でも、文献や論文などにより先行研究を研究・サーベイすることは必修である。

　文献研究では、最新の内外の文献・論文を読むことも必要である。また、グローバルな視点で経営学を研究する際、外国の文献を読むことが重要であり、特に、海外の英語の文献・論文を読むことは、経営学を研究する際、必修である。

　さらに、関連する経営学以外の文献も読むことが望ましい。経営学は、学際的な特徴を持つ学問ということもあり、他領域の研究も必要な場合がある。たとえは、「アメリカでの日系企業経営」のような国際経営の研究では、アメリカに関する地域研究、国際経済、国際政治、歴史、文化、などの他分野の文献も読む必要があるかもしれない。

　近年、インターネットが発展し、簡単に情報・知識をえられるようになってきている。このようなこともあり、学生や研究者において、文献を読むということが疎かになってきているように著者には思われる。しかし、古典的・基礎的であるが、文献を読むことは経営学研究において最も大切で基本であることを肝に銘じておくべきである。

▧ 3 経営学の歴史的研究と国際的・国内的研究

3-1 歴史研究・歴史制度比較研究

　経営学を研究する場合、主に歴史資料・文献に基づく歴史比較研究という視点も重要である。過去の歴史や制度を現在と比較することで、現在の経営をより理解でき、将来・未来の展望も可能となる。

　歴史比較制度による研究とは、制度の比較である。制度とは、政治制度、経済制度、商業・企業制度、労働制度、法制度、社会制度、文化制度などの仕組み・法律・慣習である。歴史的にみると、各時代にはそれぞれの制度があった。

　たとえば、現代日本の経営を江戸時代と比較してみる。江戸時代では、特有な制度があり、封建的な面もあったため、現在と違う点も多い。しかし、現代

と江戸時代の経営では共通点もある。このように、各時代の特有な経営環境としての制度や状況をとらえたうえで比較するアプローチが、歴史比較制度による経営比較研究である。たとえば、「日本的経営」を研究する際、江戸期、明治期、大正期、戦前昭和期、戦後、現在といった日本の歴史的変遷を考慮することも重要である。そうすることにより、日本的経営の本質をつかむことができるのである。

これに関連する著者の研究として、『日本的労働制度の歴史と戦略──江戸時代の奉公人制度から現在までの日本的雇用慣行』（泉文堂）があるので、関心のある方は読んでほしい。

3-2 国際比較経営研究

経営学研究では、企業経営の特徴を明らかにするために、各種の経営比較研究もよく行われている。国内企業同士の比較、国内と海外企業との比較などが行われている。データ分析による比較研究もある。

特に、国際比較研究は、日本企業と海外企業との共通点や相違点を明らかにするために有効な方法である。日本では普通に行われている経営方法・経営管理・経営行動などが、他国や世界で一般的でないことがある。そのような場合、日本の企業経営の特徴を他国と比較することにより、より深く、いわゆる日本的経営を解明できる。

また、発展途上国の将来の企業経営を予測する際にも、国際比較経営研究は参考になる。先進諸国の経営発展の歴史は、発展途上国の将来の姿を予測することができるかもしれない。たとえば、「雁行型経済発展理論」がある。この理論は、先進国、中進国、発展途上国という経済水準の順に国の優位性が時間的に変わり、経済発展するという考え方である。すなわち、これからは発展途上国の一部の国に優位性が高まる時代となる。著者の体験では、雁行型経済発展理論のように、ベトナムは、中国の10年前の姿という感じである。

著者は、ベトナムでの日系企業、現地企業、欧米系企業の経営比較を行い、興味深い結果が得られた。詳細は、『ベトナム現地化の国際経営比較──日系・欧米系・現地企業の人的資源管理、戦略を中心として』（文真堂）を出版したので、関心のある方は読んでいただきたい。

3-3 国際地域経営研究

　国際的視点で、世界各国（イギリス、アメリカ、ドイツ、フランス、イタリア、オーストラリア、中国、インド、タイ、ベトナム、マレーシア、インドネシア等の研究が多い）や国際地域（EU、アセアン、西アジア、北欧、南欧、南米、アフリカ、中東、BRICs等）での企業経営や国際経営に関する研究である。世界的に、近年、地域統合（EU等）や地域協定・連合（ASEAN、MERCOSUR等）などの動きも進展してきている。国際地域経営研究は、今後ますます重要となる研究課題である。

　たとえば、「タイでの日系企業の国際経営戦略」、「アセアンでの日系企業の戦略と現地経営」などのテーマである。タイという国やアセアンという地域連合に限定して、その国・地域の経営環境を含めて、企業経営を分析する。その際、その国・地域の制度・歴史・文化・社会・政治・経済・法律・民族・宗教といった環境要因の研究も重要である。

　国際地域の企業経営を研究する場合、その環境要因として民族と宗教は特に重要である。たとえば、東南アジア地域は、多様な民族が存在するが、各国で経済的力が大きいのは、華僑・華人といわれる中国人である。中国人の経営行動において、大家族制という家族制度や血縁主義が重要である。また、宗教では、イスラム教は、世界人口の約4分の1を占めるといわれるが、他の宗教であるキリスト教や仏教と比較して経営行動に対する制約が大きい傾向にある。キリスト教に関しては、マックス・ウェーバーが『プロテスタンティズムの倫理と資本主義の精神』で指摘しているように、プロテスタントの思想は、資本主義の発展を促進した面もある。仏教や儒教も、経営行動に影響している。

3-4 国内地域経営研究

　日本の地域や地方での経営に関する、定性的・定量的研究である。

　たとえば、地場産業、地域産業、過疎化、地域振興、観光、産業遺産、農業、漁業、林業、商業、サービス業、製造業、鉱業、中小企業、NPO、地域金融、地域活性化、交通・鉄道・バス、医療・福祉・介護、などを地域や経営の視点で研究することである。

　地場産業、地域産業、観光、などでは長い歴史や遺産がある場合が多いので、

深く研究する場合、その歴史も考慮する必要がある。

さらに、国内地域経営研究では、地域の経済・社会・文化・伝統・政治・制度・環境といった学際的視点で研究することも必要である。

4 学術論文の書き方

卒業論文、修士論文、博士論文、学術論文、著書、などの学術論文の書き方について、述べてみよう。

4-1 テーマの選定

卒業論文、修士論文、博士論文、学術論文、単著や共著の書籍などでの、「論文のテーマ・論文題目」、「著書のテーマ・題名」の選定について考えてみよう。

良い論文を執筆するためには、テーマ・題目を決めることは重要である。テーマが優れていると、優れた成果を上げられる可能性が高い。論文を書く時は、まずテーマを決める必要がある。

論文の書き始めの時は、少し広く、漠然としたテーマでもよいが、論文を書きながら、徐々にテーマを絞ったりしても構わない。そのほうが、論文を書きやすいかもしれない。

もしテーマが広い場合、副題を入れてテーマを絞り、明確にするというのも1つの方法である。たとえば、「日本自動車産業の国際経営戦略」というテーマで論文を書く構想がある場合に、副題・サブタイトルをつけ、地域的（アジア、米国、欧州等）、企業的（トヨタ、日産、ホンダ、マツダ等）、戦略領域的（マーケティング、生産、R＆D、人事、国際等）、歴史的（戦前、戦後、現在、将来等）、課題（環境問題、自動運転、安全、未来等）、データ（企業、業績、財務、会計、産業、各種統計等）、などの視点で研究・執筆するのである。

4-2 レポート、卒業論文、修士論文レベルのテーマ

レポート、卒業論文、修士論文レベルで論文のテーマを決める場合、以下の点を考慮すると良いであろう。

１．広すぎず、狭すぎないテーマ

　広すぎるテーマであると、議論が散漫になり、論文としての焦点がぼやける。

　狭すぎるテーマであると、資料・データや先行研究があまりなく、少しの論文しか書けず、既定の分量の論文が執筆できない。

　最適な範囲のテーマであると書きやすい。ただし、最初はやや広いテーマで文献・論文・資料を蒐集し、それを読んでいって、テーマを狭く絞るという方法もある。

２．自分の関心・興味のあるテーマ

　自分の関心・興味のあるテーマで論文を書くと、モチベーションが高くなり、自分にとっても役立つことになり、良い成果を上げやすい。将来の進路・仕事・キャリア・資格などにも役に立つこともある。

３．資料・先行研究がある程度あるテーマ

　先行研究の論文・資料・文献やデータなどが極端に少ないと、書きにくい。特に、海外での特定な対象に関連した論文を書く場合、日本であまり研究されていないような場合、海外の文献・資料を用いることになる。その際、その国の外国語の知識が要求される。

　たとえば、「イタリアのサッカー」のようなテーマは、書きやすいように思われるが、イタリア本国ではイタリア語の資料は多く存在するが、日本では意外に少ないので、イタリア語資料などを使用しないと深い分析はできにくい。特に、外国の特定の国の何かをテーマとする場合、その外国語を読み、理解することができるか、どの程度先行研究や資料・データがあるか、などを確認すると良い。

４．データのあるテーマ

　ある程度のデータを入手できると、数量分析ができる。データとして、質問紙調査の結果、企業データ、国・地方が調査したデータ、民間調査機関のデータ、国際機関のデータ、などがある。もし、ビッグデータが入手できれば、さらに深い分析ができる。

　データ分析では、まずクロス集計が基本である。その後、相関分析、重回帰分析、主成分分析、因子分析、クラスター分析などの統計手法で解析する。

クロス集計、相関分析程度の統計分析は、マイクロソフトのオフィスに入っているエクセル（Excel）などのソフトで行うことができる。

それ以上高度な統計分析である多変量解析は、SPSS などのソフトがよく使用されている。SPSS ソフトはかなり高価なので、個人で購入できない場合は、ほとんどの大学は SPSS ソフトを持っているので、大学のコンピューターを利用すると良い。

５．学際的領域のテーマ

経営学の関連領域の学問である経済学、法学、工学、心理学、社会学、歴史学、文化学、地域研究、政治学、人類学などとコラボした学際的領域のテーマである。このような学際的アプローチをすると、ユニークなテーマで研究し、興味深い成果を上げられる可能性がある。

６．研究の本質のテーマ

研究の核心・本質を突くテーマは、内容的に優れたものになる可能性が高い。研究の本質は何かを考えることである。

たとえば、将来・未来の企業経営の重要な課題は何かを考えた時、環境問題、グローバル化、R&D、情報化、人工知能、ロボット、IoT、人口減少、移民、格差、地域活性化、観光、国際化、SDGs、労働の人間化、高齢化、外国人労働者、生産性の向上、M&A、などが思い浮かぶ。それらの課題は、いずれも研究課題として、重要であろう。

７．オリジナリティのあるテーマ

著者が何よりも重視するのは、論文のオリジナリティである。何か１つでもオリジナリティのある成果を出すことは、論文のクオリティを高める。先行研究が少ない研究も、オリジナリティとなりえる。

4-3 博士論文、学術論文、レベルのテーマの選定

基本的には、上記と同じだが、以下の点により比重を置くことが望ましい。

１．オリジナリティ、独創性のあるテーマ

独創的な成果となることもある。特に、修士論文、博士論文、学術論文、専門書などの著作では、オリジナリティや独創性が重要である。

著者のこれまでの研究で、最も大切にし、重視してきたのはオリジナリ

ティである。優れた論文や著書では、オリジナリティ、独創性、新たな発見、新しい仮説の構築によるデータ分析、定説を覆す新たな事実発見、新たなパラダイム構築、新たな概念構築、などが最も必要とされる。

２．今まで研究があまりやられていないが、本質的に重要なテーマ

　先行研究があまりないか、ほとんどない研究は、新たな領域や新しい発見の可能性があるテーマである。いわば、研究の金脈を探り当てるような学術論文である。その論文は、先駆的研究となる。

３．これまでの研究蓄積・成果の隙間を研究するテーマ

　本来、重要で本質的・革新的な研究課題であるはずだが、これまであまり扱われず、研究が少ないか、研究されてこなかったテーマである。いわゆる、研究の隙間・ニッチ戦略である。

　著者は、この点に着目し、戦前日本企業の南洋進出、戦前期の南洋日本人移民などの研究の著作である、『日本企業と東南アジア進出のルーツと戦略──戦前期南洋での国際経営と日本人移民の歴史』（同文館）、および『戦前の南洋日本人移民の歴史──豪州、南洋群島、ニューギニア』（御茶の水書房）を出版した。これらの著書では、従来見過ごされていた研究蓄積の隙間・ニッチ領域に関するテーマとして、「明治維新から第２次大戦前までの時期での日本企業の東南アジア・南洋群島への進出と日本人移民」に関する研究を行った。

４．未来・将来に注目されるであろうテーマ

　地球温暖化、大気汚染、砂漠化、クリーン技術・製品、省エネルギーなどの環境問題、過疎化、人口減少、高齢化、格差などの人口問題、インド・アフリカ・南米地域などのグローバルサウス諸国、ビッグデータ、人工知能、ロボット、IoT、情報化、バーチャルリアリティーなどの第４次産業革命に関連する問題、さらに SDGs、労働の人間化、ディーセントワークなどは、これからの未来・将来にますます注目されていくであろう。

５．海外を事例としたテーマ

　世界的にグローバル化が急速に進展していることもあり、海外の地域や国での企業経営に関する研究がますます重要性を増すであろう。

　国際経営研究では、これまで、中国、アセアン諸国、イギリス・アメリ

カ・カナダ・オーストラリア等のアングロサクソン諸国、ドイツ、イタリア、などの諸国に関する研究が多かった。これからは、研究蓄積が比較的少ない東欧諸国や北欧諸国、将来の発展が期待されている、インド、バングラデシュなどを中心とした西アジア、南米、中東、アフリカ、などを対象とした研究が重要となるであろう。

6．データ分析に関連するテーマ

　公表されている各種データや質問紙調査等を行いえられたデータなどを用いて、多変量解析のような高度な統計解析手法を用いて分析するテーマである。仮説検証や事実発見などを行い、研究する。

4-4 著書レベルのテーマの選定

1．よりオリジナリティ、独創性を生み出す可能性のあるテーマ

　単著の場合、数年かかるという場合もあるので、各章ごとに1つの論文と考えて執筆するという心構えも必要である。場合によっては、1章分完成したら、学内紀要や学会発表するという手もある。専門書として執筆する際には、オリジナリティ、独創性が特に重要である。

　最も独創的なのは、従来の研究パラダイムや定説を転換するような研究である。それは、新しいパラダイム構築、仮説、理論である。

2．ある程度広いテーマ

　著書の分量がある場合、広いテーマということもある。

　たとえば、全般的経営戦略、データ分析、歴史・通史、国際比較、歴史制度比較、企業比較、地域経営・環境、テキスト、概論・概説、などである。

3．研究グループによる研究テーマ

　特定なテーマを決めて、研究グループによって、理論的・実証的研究を行う。科学研究費、大学補助金、各種財団の研究助成金などが取得できた場合では、研究成果を著書として出版することもよく行われている。その場合、共著の形での出版が一般的である。

4．博士論文のテーマ

　博士論文を、著書として出版する。博士論文は、文部科学省の指導で、原則として、全文をインターネットなどに公開しなければならないとしている。

そのため、博士論文は、厳格性が特に要求される。

4-5 出版社の選定

　著書を出版する場合、出版社を探すことは何よりも重要である。近年、出版事情が厳しくなってきており、学術書を単著で出版することが困難になってきている。科学研究費、各種財団、大学などの出版補助金・助成金などを獲得するのも、出版社との交渉で有効である。

　出版社に当てがない場合は、他の研究者に相談して紹介してもらうとよい。なお、金銭的な出費もあるが、出版する本の一部買い取り、または出版社から自費出版するという形もある。とにかく研究成果を世に問い、後世に研究成果を残すため、書籍という形で出版することが大事である。書籍を出版し、国立国会図書館などに納本すれば必ず残る。

5 研究方法、研究に際して考慮する点

5-1 ケース（事例）研究

　ケース研究は、事例が明確なので研究しやすい。ケース（事例）には、企業、業種、産業、国、国際地域、国内地域、などを対象にした研究がある。そのような研究対象に関して、特定の内容に絞る。また、複数のケースを比較することもよく行われる。

　ケース研究では、単なる紹介のみに終わるのではなく、そのケースから経営学の観点から何を明らかにできたのかを理論的に解明することが重要である。また、データ分析ができれば、さらに望ましい。

　たとえば、「ソニーの国際化戦略」、「日本の時計産業の歴史と戦略」、「タイでの日系企業の現地戦略」、「EU での日本自動車会社の戦略」、「富山の薬産業の歴史」、「トヨタとホンダの国際化戦略の比較」、「スイスの多国籍企業ネスレの研究」などの事例研究である。

　ケース（事例）研究で考慮すべき点として以下がある。

（1）卒業論文や修士論文程度だと問題がないのがほとんどだが、特に書籍
　　などで発表する場合、ケースの会社名を出すか出さないかの選択が重要で

ある。会社がケース発表を許可しない場合や対外的に公表しない方がよいと判断した場合は、A社などの表現で実名を出さない方がよい。業種・事業などの会社の概要については、説明しても問題がないことが多い。

（2）ケース研究の対象企業の創業期から現在までの歴史を調べると、深くケース研究ができる。そのために、ケース企業に関連する社史、書籍、雑誌、論文、インターネット資料、などを出来るだけ集めて、それらを精読すべきである。また、近年、会社の情報開示が進んでいるので、ネットなどで会社の現況や財務状況などを調べてみることだ。

（3）ケース企業へのインタビュー、各種の調査、データ分析などができれば、さらに良い研究ができる。博士論文・学術論文や書籍では、これらの調査を行うのが望ましい。

（4）ケース研究は、1社のみでなく、複数社で行う方が望ましい。ケース企業の経営を比較することにより、それらの企業の特徴を解明できる。その際、国内企業だけではなく、海外企業と比較することも有益である。グローバルな視点で、ケース企業の経営比較を行うことができる。データ分析による比較を行えば、さらに説得力がある。

5-2 質問紙調査（アンケート）

卒業論文レベル程度であれば、簡単な質問紙調査を実施して、データを集めるという方法もある。指導教員などに依頼して、授業の受講生を対象に、アンケートを行うという方法もある。また、学生が、街頭やネットによる調査を行う方法もある。100以上のサンプルがあれば、統計的分析ができる。300以上のサンプルが集められれば、高度な統計分析手法である、多変量解析による解析が可能となる。

可能であれば、もう少し大規模な質問紙調査の実施が望ましい。

方法として、郵送による調査、インターネットによる調査、調査対象に依頼する調査、などがある。

郵送による調査は、著者もかつてよく行っていた方法であるが、近年、インターネットの発展、費用と手間がかかること、機密保持の観点から、郵送の方法での実施が少なくなってきている。調査対象に依頼する調査は、企業・組織

などに調査依頼をするものであり、調査対象が明確なので、実施することができれば、良い分析や結果を得られる可能性がある。さらに、回答者の対象を絞れば（例えば病院での看護士、企業での現業職、事務職、管理職、技術者等）、よい深い分析ができる。

　国際調査も郵送調査でできる。海外にある日系企業に国際郵便で送り、国際郵便で回収するという方法である。著者も、かつてこの方法で、国際調査を行った経験があるが、予想したより回答率が高く、その回答をもとに海外での現地調査もできた。

　郵送による調査は、回答を郵送で回収するため、回収率が低くなりがちである。回答先が大学の研究室である場合、相手先から信頼されるので、正確な回答を書いてもらえる可能性が高くなる。また、自由回答欄を設けると、有益な回答を得ることができるかもしれない。

　さらに、「後で訪問調査に協力いただくことができますか」という質問文を入れ、それに回答していただいた企業については、後で国内や海外の企業訪問や工場見学ができる場合もある。そのように、郵送調査は古典的ではあるが、メリットも大きい。

　著者のベトナム企業研究では、コネクションとこのような郵送調査などで、ベトナムにある現地資本企業・国有企業、日系企業、欧米系企業、約40社程度に、企業訪問、インタビュー、工場見学などを行うことができ、大きな成果を上げることができた。また、著者は、このような郵送調査などで、中国、台湾、ミャンマー、インドネシア、タイ、マレーシア、フィリピン、などにある日系企業への企業訪問、インタビュー、工場見学などを行うことができた。

　近年、主流になってきているのは、インターネットによる調査である。インターネット調査は、無料でできるケースもあり、簡単に結果データを得ることができる。しかし、インターネット調査は、回答者の選定やサンプリングに問題があることも多く、その信頼性に関してはやや疑問な点もある。また、有料でインターネット調査を行う会社・機関などもある。その場合、回答者の選定やサンプリングについては、やや信頼あり、さらにデータ結果の集計、データ分析を行ってくれるので、調査としてはやりやすい。

　質問紙調査での質問項目や内容、サンプルなどに関して考慮すべき点として

以下がある。

（1）理解しやすく、わかりやすい、平易な質問文であること。専門語を使
　　用する場合は、括弧書きで、説明を入れるとよい。回答者の立場に立って、
　　質問文を作成すること。

（2）質問の数は、多すぎず、少なすぎず、とする。質問数が多すぎると回
　　答者が答えにくく、回答率が悪くなる。質問数が少ないと、分析が深くで
　　きなくなる。適度な質問数とする。

（3）質問文は、①すでに先行研究などで使われ、ある程度研究で一般化し
　　た質問文、②独自に作成する質問文、などがある。①の質問文では、国内
　　や海外で同様の調査が行われているため、他の研究結果と比較することが
　　できる。また、ある程度定着した質問文であるので、信頼性が高い。②の
　　質問文は、独自に新たに作成するので、オリジナリティが高い。興味深い
　　新たな知見をえることができるかもしれない。

（3）質問紙調査のデータにより仮説検証を行う場合は、質問文に仮説の内
　　容を正確に明記し、回答してもらう必要がある。仮説関連の質問文は、複
　　数であるほうが望ましい。可能であれば、重回帰分析、因子分析、クラス
　　ター分析、などの多変量解析も行うとよい。

（4）回答様式として、①リッカートスケール（たとえば、よくあてはまる
　　1から、まったく当てはまらない5までの程度で回答してもらう形）、②
　　「はい」、「いいえ」、「わからない」という形、③数字などで答える形、④
　　自由回答、などがある。①のリッカートスケールは、多変量解析を行う際、
　　解析しやすい。

（5）回答者の属性は、必ず回答してもらうこと。属性は多いほうが良いが、
　　プライベートの問題があり、性別、年齢、居住地、職業、などは最低限に
　　聞くことが望ましい。属性により分析すると、属性による有意差が出るこ
　　ともあり、より深い解析ができる。

（6）多変量解析を実施する場合は、回答サンプル数は、300以上ほしい。
　　100以下のサンプル数では、多変量解析の結果の信頼性が低くなる。可能
　　な限り、サンプル数は多いと良い。

（7）国際的な調査をする場合、質問文の翻訳に細心の注意を払うことであ

る。言葉のニュアンスが各国で微妙に違うため、翻訳により回答結果が影響される可能性があるためである。

5-3 文献研究

経営学研究では文献研究も重要である。

データ分析や実証的研究をする場合でも、文献や論文などにより先行研究を調べるのは必修である。経営学での古典を読むことも、有益である。また、古典は、現在・未来の経営学を考えるうえでも参考となる。経営学の分野でも、経営学説史があり、主に古典を中心とした研究がなされている。

グローバルな視点で経営学を研究する際、外国の文献・論文・資料を読むことは重要である。出来れば、外国の現地に行って、探して、入手するのが望ましい。現地でしか手に入らないものもある。

主要な日本語・外国語文献は、できるだけ多く購入して（古本でもよい）手元に置いておくべきである。また、図書館でも借りることができる場合があるので、活用すべきであろう。

論文を書こうとする際、可能な限り多くの本・論文や資料を参照すべきである。最初のうちは、本を精読するのではなく、内容の概要の理解を中心として、短時間にざっと大量の本を読む。論文のテーマや内容で、「参考になるところはあるか」、「使えそうなところはあるか」、「論文内容に関連して重要なところはあるか」、などの問題意識をもって、速読するのが良い。参考になるページに付箋を付けたり、線を引いたり、コピーするのも良い。後で、重要な部分を、じっくり精読して、考えるのである。

5-4 歴史研究

経営学を研究する場合、主に歴史資料に基づく歴史比較研究という視点も重要である。過去の歴史や制度を現在と比較することで、現在の経営をより理解でき、将来・未来の展望も可能となる。

歴史研究では、その当時の言葉で書かれた原典（書籍・論文・資料など）を蒐集し、読むことがきわめて重要である。日本では、明治期以降の資料はほぼ読める。しかし、江戸期までの資料は、いわゆるくずし字で、それを勉強しな

いと、解読は難しい。また、漢文も習得する必要がある。

　当時の原典を読んで、研究することで、新しいことを発見できることもある。ただし、歴史研究で難しい問題もある。文献や資料などの原典に書かれていることが、はたして正しいのかを検証するのが難しいことである。過去のことなので、現在の時点で実証的に検証するのが困難であるためである。歴史研究では、定説と考えられていたことが、新発見などにより覆されることもある。経営学の歴史研究では、当時の書籍や資料に基づいて研究する場合には、複数の資料で事実かどうか確認することも大事であろう。

　歴史研究の視点で、たとえば、日本企業の経営を明治時代から現在までその変遷を比較してみる。明治時代では、産業化の初期であり、現在と相違する点も多い。しかし、現在と明治時代の経営では共通点もある。このように。各時代の特有な経営環境としての制度や状況をとらえたうえで比較し、その変遷や発展を理論的に解明するアプローチが、歴史比較制度による経営比較研究である。この視点から、将来・未来の日本企業の経営も予測もできる可能性がある。さらに、制度のあり方の将来を考える上でも重要である。歴史的な軸で、経営をとらえるのである。

5-5 国際比較研究

　事例研究をする場合、事例の特徴を明らかにするために、各種の比較研究もよく行われる。国内企業同士、国内と海外企業との比較などが行われている。これまで、研究蓄積が多いのは、「日本企業とアメリカ企業の経営比較」、「日本企業とイギリス企業の経営比較」、などの日本企業と欧米企業の国際比較研究である。

　国際比較研究は、日本企業と海外企業との共通点や相違点を明らかにするための方法である。特に、日本企業の特徴を明らかにするために、国際比較を行うことは有益である。企業ケースによる比較もある。

　著者も、ベトナムを中心とした東南アジア、中国、台湾、オーストラリア、などでの日系企業、現地企業、欧米系企業の国際経営比較を行い、興味深い結果が得られた。

5-6 国際地域経営研究

　国際的視点で、世界各国や地域での企業経営に関する研究である。国際地域的な軸で、経営をとらえるのである。

　例えば、「EUでの日系企業の現地経営」、「アセアンでの日系自動車会社の経営」、「ベトナムでの日系企業の国際経営戦略」、などの研究テーマである。EU、アセアン、ベトナムという国・地域に限定して、その国・地域の経営環境も含めて、企業経営を分析する。

　国際地域経営研究では、現地に足を運んで、資料・データなどを蒐集し、その国・地域の歴史・文化・宗教・民族・社会・政治・法律・経済・制度といった環境要因を研究することがきわめて重要である。

5-7 日本の地域経営研究

　日本の地域での経営に関連する研究である。その際、地域でのフィールドワーク、資料・データ蒐集、博物館・資料館巡り、歴史遺産見学、など現地を訪ねて、歩いて回って調査することが肝要である。

　国内地域に関連した研究としては、たとえば、地場産業、伝統産業、観光、地域産業、地域振興、農業、漁業、商業、中小企業、NPO、協同組合、農業法人、地域金融、地域活性化、地域交通、などがある。

　日本には、地方に多くの伝統的な地場産業がある。例えば、富山（薬：江戸時代から行商で有名であった）、三条・燕（金物や洋食器）、鯖江（メガネフレーム）、近江（昔から地方への行商人が多く、有力商人を輩出した）、倉敷（紡績）、有田（陶器）、今治（タオル）、銚子（醤油）、など数多く存在し、長い歴史を有している。

　日本の企業や地域での経営・産業に関連する資料蒐集や見学ができる施設・遺産・場所として、以下がある。

　第1は、特定の企業の歴史・遺産・現状、などを展示・研究している施設である。たとえば、トヨタ博物館（名古屋）、東芝未来科学館（神奈川）、カップヌードルミュージアム（日清食品：横浜みなとみらい）、三菱みなとみらい技術館（三菱重工：横浜みなとみらい）、日本郵船歴史博物館（横浜みなとみらい）、印刷博物館（トッパン：東京文京区）、など多く存在する。歴史の古い大

企業が多いが、それらの企業や業界を研究する場合、ぜひこれらの施設を訪れるとよい。

第2は、工場見学が一般の人に公開されている施設・工場である。基本的には、施設を事前に予約すれば見学できる。たとえば、キリンビール（横浜）、崎陽軒（横浜）、アサヒビール（茨城）、サントリー（東京）、ヤマサ醬油（千葉銚子）、キューピー（茨城）、など食品や飲料に関連した企業が多い。地方には、伝統的な地場産業においても、見学できる施設・工場もかなりある。実際に企業の工場を見る機会は非常に少ないので、工場見学は貴重な経験となる。

第3は、各種の産業遺産である。世界遺産登録された富岡製糸場（群馬）、石見銀山（島根）、三池炭坑（福岡）、八幡製鉄（福岡）や、佐渡金山（新潟）、別子銅山（愛媛）、氷川丸（横浜みなとみらい）、横浜港（横浜みなとみらい）、など日本や世界に多くある。

第4は、地方の地場産業に関連した施設である。酒蔵、織物、生糸、漆器、金物、工芸などの伝統産業に関連した遺産・展示などの施設が、日本に多く存在する。その中には、モノづくりの見学や体験ができる施設もある。特に、酒蔵は地方に多くあるので、見学すると良い。

第5は、各種の博物館・資料館である。新聞博物館（横浜みなとみらい）、シルク博物館（横浜みなとみらい）、JICA 海外移住資料館（横浜みなとみらい）、神奈川県立博物館（横浜みなとみらい）、開港資料館（横浜みなとみらい）、江戸東京博物館（東京墨田区）、水道歴史館（東京文京区）、貨幣博物館（東京中央区）、鉄道博物館（埼玉県）、江戸下町伝統工芸館（東京台東区浅草）、など全国に多く存在する。日本の博物館・資料館・郷土館は、都市部のみならず全国の地方の市町村（公営博物館が中心）にも多くあり、その数は世界有数であると思う。論文を執筆する際、それに関連する博物館・資料館を訪れて、見学・資料蒐集すると大いに参考となるであろう。

■ 6 論文の構成・目次

目次は、論文の設計図で、最も重要である。まず、最初に目次を構想する必要がある。論文の進行に合わせて目次を逐次修正していく。論文は、基本的に、

序論、本論、結論で構成する。

　研究方法としては、データなどを分析する数量分析、文献研究、ケース研究などの定性分析、フィールドワーク、現地調査、などがある。

　論文では、一般的に「序論」（「はじめに」でもよい）が１章、「本論」は数章（２から４章程度が多い）、「結論」（「おわりに」でもよい）が１章で構成される。そのあとに、「註」、「参考文献」を必ず入れる。

　実際に執筆する際は、序論からではなく、最初に書きやすい本論の一部からでも構わない。そのほうが、著者の経験からすると、早く論文を完成させることができるように思われる。

　序論（はじめに）と結論（おわりに）は、論文全体の整合性が必要なので、本論の草稿ができた後の最後でも構わない。

　論文執筆の最後の段階で、序論、本論、結論の内容について推敲する。推敲では、誤字脱字、表現、内容、論理展開など綿密に検討する。

6-1 序論（はじめに）

　序論（はじめに）の内容は、「なぜこの研究課題を選んだのか」、「どのような問題意識があるのか」、「何を明らかにしたいのか」、「どのような研究方法で解明するのか」、「論文の体系・構成はどうなっているのか」、などについて書く。すなわち、研究の理由、問題意識、研究目的、解明内容、先行研究、研究方法、論文構成、などである。

　論文では、主要な文献・論文での「先行研究のレビュー」は、必ず必要である。先行研究のレビューは、多いほうがよい。日本のみならず、海外の文献・論文もレビューするのが望ましい。レビューした文献・論文は、必ず参考文献として明記すること。

6-2 本論

　本論では、論文のテーマを細分化して、研究した内容を、本論の各章で論じる。

　データ分析の論文の場合は、①仮説検証を目的とする論文、②実態や現状を把握して考察する論文、などがある。両者に共通するのは、サンプルの選定、

統計的な分析方法、統計解析による結果・分析、事実発見などである。

①仮説検証を目的とする論文では、仮説の構築、仮説の検証、事実発見、考察などを論じる。なお、仮説に至った内外の代表的な論文や文献などの先行研究の記述も必要である。

②実態や現状を把握して考察する論文では、分析の背景・歴史、データ分析、現状分析、環境要因、課題、将来の展望、などについて論ずる。

ケース（事例）研究を中心とした論文では、歴史、現状、経営環境、事例の分析、経営行動などについて執筆する。ケース研究では、ケースを1つのみではなく、複数のケースを取り上げて経営比較するというアプローチもよく行われている。その際、国内企業との経営比較ではなく、海外企業との経営比較でもよい。

フィールドワークを中心とした論文では、フィールドワークの方法、結果、分析、課題などについて執筆する。

論文や著書では、上記の1つの分析方法ではなく、複数の分析方法を組み合わせた形も多い。研究課題に最も適した分析方法を、組み合わせて解明するのも有効である。

なお、本論に、図や表、写真（スマホで撮ったものでもよい）、地図、などを入れてもかまわない。そのほうが、より説明がわかりやすくなることもある。その際、図表などのタイトル、「出所」・「出典」、「引用頁」を必ず明記する。

たとえば、「横浜の観光」というケース研究のテーマで、卒業論文を書く場合について考えてみよう。本論では、横浜の歴史、横浜観光の現状、外国人観光客、具体的な場所・ケース（みなとみらい、横浜中華街、横浜港、旧外国人居留地、鉄道駅、歴史的遺産など）、などに分けて、各自関心のある内容を章に分けて執筆するのである。

6-3 結論

結論では、現地調査やフィールドワークなどの定性分析、内外の論文や著書などの文献、資料研究、ケース（事例）研究などで、明らかになったことに関して、その概要、意義、新たな発見、問題点、先行研究上の位置・関連、私見、事実発見、などについて考察する。さらに、将来の課題・展望、などを述べる。

データによる数量分析の結論では、仮説検証の考察、理論的意義、事実発見、課題などについて述べる。さらに、経営学理論などの観点から、本研究を分析・考察する。

結論では、自分の文章で、自分の意見や主張を明確にわかりやすい言葉で書くことが肝要である。

6-4 参考文献

引用したり参考にした文献や論文・資料などを、できるだけ多く参考文献に入れる。参考文献の書き方は、著者名の ABC 順で明記するのが一般的である。具体的な明記方法は、本書の各章の参考文献を見てほしい。

参考文献として使うのは、書籍、学術論文、雑誌、新聞などの文書媒体のみならず、映像（映画、ドラマ、記録、ビデオ、DVD など）、写真、絵、ポスター、イラスト、などの画像媒体でもかまわない。むしろ、画像媒体の方が、新しい事実や発見ができるかもしれない。

ネットを参考にした場合は、必ず「ネットアドレス」を入れる。

6-5 注

文献や論文・資料などを引用したり、参考にした部分には、必ず「注」を入れる。注で説明する部分に、上付きで（1）、（2）のように明記する。注の説明は、論文末の参考文献の前、またはページ下に書く。

注を入れないと、盗用や剽窃とみなされる可能性があるので、十分注意すべきである。

▓ 7 論文の書き方のコツ

7-1 目次を先に考える

目次は、論文の設計図・図面である。目次は、論文作成で最も重要なものである。

著者が論文や著書を書く場合、まずやるのは「目次の構想」である。論文で、「どのような内容とするのか」、「どのように分析するのか」、「どのような点に

焦点を当てるのか」、「考察の範囲をどのようにするか」、「論文の構成をどうするか」などを考えながら、目次を構想する。

　論文の執筆途中で、目次の内容を若干修正してもよい。

7-2 文献、論文、資料を集めて乱読する

　可能な限り論文テーマに関連する多くの本や論文・資料を乱読して、重要な頁に付箋をつける。論文では、最低でも 10 冊以上の内外の本を読む。

　図書館で本を借りるのもよいが、出来れば、自分で本（古本でもよい）を買い、多くの本を手元に置くことが重要で有用である。乱読すると、論文の構想や内容がだんだんと見えてくる。本や資料をたくさん読むことが、結局、早道で、良い論文を書ける。

7-3 やさしい本をまず最初に読み、全体像をつかむ

　初めての課題や卒業論文など、あまり知識のない分野の論文を執筆する場合は、まず最もやさしい本を選び、精読し、全体像をつかむ。これは、一般的な勉強法でもある。ある程度全体像がわかったら、次により高度な本や論文を読む。常に、課題を取り巻く全体像、および細部の研究上の焦点、という 2 つに関してバランスをとって研究する。

7-4 論理の一貫性を重視する

　論文のタイトル、目次に沿って、論理立てて論文を構成する。研究課題を一貫したプロセスで考察することが重要である。議論に一貫性がなく、内容が散漫で、雑然としていると、何を研究している論文かわからなくなる。

7-5 書けるところから先に執筆する

　論文の最初の部分から書く必要はない。資料や文献があり書きやすいところ、たとえば、「先行研究の概要」、「現状と歴史」、「ケース（事例）」、「データ分析の内容と結果」など、書きやすいところから先に執筆する。最初に書く内容は、完璧である必要はない。とりあえず現時点で書ける内容を書いて、後に加筆、修正する。

たとえば、本論の一部である第3章が書きやすい場合は、まずそこから書いてみる。本論を細分化して、執筆できるところから書く。

序論と結論は、最も難しい部分であるので、最後に書く。序論と結論は、本論との整合性も考慮して執筆する。

7-6 何か思いついたらメモを取る

常に、小さなメモ帳とペンを持つ。私は、いつもポケットにはいる小さなメモ帳（スマホのメモでもよい）とペンを持ち、急に思いついたことをメモや文章にしている。後で見ると、役に立つことも多い。

若い人では、スマホのメモに入れたほうがやりやすいかもしれない。

著者は、歩いているときや、夜や寝る前に思いつくこともある。後で見ると、論文に活用できることも多い。

よくノーベル賞的な発明・発見が、眠るまえや起きた直後に思いつくことがあるという。その話を聞くと、メモを取る重要性がわかる。

7-7 ランダムに書いてもよい。後で、論文を構成する

私は、論文の一部分，一文でも、思いついたら書くことにしている。文章は完璧でなくともよい。それが集まったら、論文として再構成や加筆修正する。本を読んで、論文の参考になるようなところは付箋つけたり、鉛筆で下線を引くなどして、その部分や文章を自分の言葉に直して、文章を書き、パソコンに入力している。（その際、注をつけるため本・論文の題名・頁も入れる。）

論文を書くには、まず、思いついたところ（言葉でもよい）や書けるところをランダムに書くことが、最も早いように著者は思われる。

7-8 箇条書きで書く

「第1は、　」、「第2は、　」、「第3は、　」、などと、内容説明する場合、このように箇条書きで整理して書くと理解しやすい論文となる。また、研究当事者にとっても、複雑な理論や結果を自分の頭で整理・体系化しやすい。内容を箇条書きで整理してみることだ。

7-9 ラフでもいいから最後まで論文内容の概要を書いてみる

　論文の「序論」から「本章」、「結論」までの内容の概要を、重要な点のみでよいから、最後まで書いてみる。文章ではなく、重要な言葉・キーワードでもよい。それをやると、論文全体の体系や論理構成がある程度わかるようになる。

　次は、各章別に文章を書いて加えていく。全体と部分を常に考えながら、論文として仕上げる。

7-10 先行研究の引用では、自分のことばで要約、解釈・意見などを加える

　論文を執筆する場合、参考文献などをまったく見ず、すべて自分の言葉で書くことが理想だが、現実には、多くの参考文献などを研究して、必要であれば先行研究の内容を紹介・引用する必要が出てくる。

　その際、先行研究の論文・文献の記載をそのまま引用するのではなく、自分のことばで要約したり、自分の解釈・意見などを加えるなどが必要である。そのような参考資料は、必ず、註や参考文献にページを記載することが必要である。それをしないと、剽窃になりかねないので、特に注意する必要がある。

7-11 論文の文章の書き方

　論文を書く場合、以下の点に注意して文章を書くと良い。

（1）文章の1文は、長くせず、簡潔に書く。長い文章は、饒舌な文章となり、理解しづらくなる。文章が長くなりそうな場合は、文書を適当なところで切って、接続詞をつけて文章を短くしたほうがよい。

（2）段落を適切に区切る。段落を区切る場合は、1文字開ける。段落の文章はあまり長くせず、やや短めの方が論文内容を理解しやすい。

（3）難しい言葉を多用するのではなく、わかりやすい言葉で書く。論文は、むやみに難しい言葉で書くことはない。

（4）他人の文章や内容を参考にする場合、そのまま、いわゆるコピペするのは厳禁である。その際は、自分の文章に変えるなり、要約するなどして、自分の表現で書く。自分の意見や主張を加えてもよい。注で、参考文献を必ず明記することも重要である。

（5）主語がわかるように書く。主語の代わりに代名詞をつかうことがよく

あるが、その場合でも主語がわかるようにする。主語がわかりづらいと、論文の内容が理解できない。

（6）文章の途中に、適切なタイトルをつける。特に、文書が長い場合などは、途中にタイトルをつけると、わかりやすい論文となる。

（7）理論や概念などを説明した後、ケースや事例などをつけて説明すると、理解しやすい論文となる。理論や概念は、抽象的で難しい文章となりがちなので、わかりやすい事例を加えると良い。

8　海外での国際経営研究とフィールドワーク

8-1　海外での主要な現地調査の機関

海外で情報・資料が蒐集可能な主要な調査機関として以下がある。

第1は、日本が海外に設けている調査機関・日系現地機関である。JETRO（日本貿易振興機構）の海外事務所、現地日本企業の商工会議所、日本人会、外務省大使館・駐在員事務所、などが代表的なものである。それらの機関は、世界の多くの国にある。著者がよく訪問し、利用するのは、タイ、ベトナムなどの東南アジア諸国にある JETRO 事務所と日本人商工会議所である。その JETRO 事務所には、出版物、パンフレットなどもあり、また図書室・資料室もあり原則として誰でも利用できる。日本人商工会議所も同様な施設があり、タイの日本人商工会議所では『タイ国経済概況』、各種日系企業調査報告書などの複数の出版物を出しており、購入もでき、大変参考になる。

第2は、国際機関である。代表的な国際機関として、国連、ILO（国際労働機関）、UNDP（国際開発計画）などがある。国連や UNDP は、ベトナム、ミャンマーなどの発展途上国に現地事務所を設置し、図書・資料閲覧室もあり、原則として誰でも閲覧や出版物の購入ができる。著者は、ベトナムのハノイにある国連事務所、ミャンマーのヤンゴンにある国連事務所と UNDP 事務所をよく利用した。

第3は、海外現地の大学や研究機関である。著者は、オーストラリアのモナッシュ大学、クイーンズランド大学、ジェームス・クック大学の客員研究員として長期間オーストラリアに滞在をした経験があり、その時期、現地で多く

の資料を蒐集し、現地調査をすることがきた。

8-2 海外での現地資料の入手──現地書店などの利用

　海外の現地書店、特に大型書店に立ち寄り、現地語や英語の著書や雑誌・新聞を蒐集するのも意外に有効である。書店が多く、現地語の本が多く出版され、国民の読書熱が高い国は、その国の文化力が高いように思われる。発展途上国の場合、ベトナムやミャンマーなど現地語での出版物が多い国は、将来、発展する可能性の高い国であろう。

　アジアを中心として海外には、「紀伊國屋書店」などの日系書店があるので現地を訪ねた際は、利用するとよい。紀伊國屋書店は、アジアのバンコク、クアラルンプール、シンガポール、などに大型の書店を持ち、日本語の本や雑誌、英語文献、現地語文献などを置いている。現地でしか出版していない貴重な日本語文献や資料、日系企業や現地日本人向けのフリーペーパーも置いているので、ぜひ利用してほしい。

　著者の体験からすると、ベトナムには、40年近く前から訪問しているが、当時から現地書店が多く、ベトナム語文献がきわめて多かった。貸本屋もあり、若者などの庶民がよく本を読んでいた。ベトナムは、昔から全般的に識字率も高い。また、英語文献のベトナム語翻訳の本も多く出版されていた。日本語の漫画本（「どらえもん」など）も、ベトナム語に翻訳され、現地の子供に人気があった。これは、ベトナムでは初等教育が進んでいたことと無関係ではない。発展途上国では、初等・中等教育就学率と経済成長率に相関があるとする以下の説もある。「就学率が高いと、経済成長する可能性が高い」である。

　そのほかの国では、ミャンマーは、書店が多く、ミャンマー語の本が多く出版されていた。このことから、著者は、潜在的にミャンマーは文化力が高く、経済発展の可能性が高い国であると思っている。

　現地語だと読めない言語もあるが、統計資料などは理解できる部分もある。現地の書籍でも、英語で書かれた文献・雑誌もあり、著者は大変参考になった。また、現地政府が出している文献（法律、将来の国の基本戦略・政策、調査報告、統計など）も参考になる。

　著者のベトナム研究では、現地で蒐集した現地発行の本を、日本で翻訳し、

出版したというケースもあった。その本は、グエン・スアン・オアイン著（丹野勲編訳）（1995）『概説ベトナム経済——アジアの新しい投資フロンティア』（有斐閣）という本である。ベトナムのドイモイ政策の生みの親であるオアイン氏が現地で出版した貴重な著作で、著者が現地の書店で偶然に見つけ購入した本である。著者が日本語に翻訳し、グエン氏とのインタビューを加えて日本で出版した。

　東南アジア諸国では、シンガポール、マレーシア、フィリピンで英語が使われているので、英文の文献・雑誌が多く蒐集でき、研究がしやすい環境である。英語文献を扱う大型書店もあり、文献は購入しやすい。

　中国や台湾では、言語として漢字が使用されているので、日本人は漢字の意味で、現地の文献をある程度理解できる。中国は、簡略体の漢字が使用されているので、それを勉強すればかなり理解できる。台湾の文献は、日本と似た漢字が使用されているので、より理解できる。中国や台湾の経営を研究する際、現地文献を読むことは不可欠である。文献は、現地書店でも購入できる。

　アメリカ、イギリス、カナダ、オーストラリアなどのアングロサクソン諸国は、英語圏である。そのほかの国でも、かつての植民地支配で、英語が使われている国も多い。英語圏は、言語が英語の文献・資料となるので、より研究がしやすい。出来るだけ多くの英語文献・資料を入手すべきであろう。Amazonなどの EC でも、海外の英語文献を簡単に購入できる。

　タイ、シンガポール、マレーシア、ベトナム、フィリピンなどの日本企業が多く進出している東南アジア諸国では、現地で発行されている書物（日本語や英語）やフリーペーパーもあるので、それを蒐集するのも大変参考になる。

　現地での資料を、歩きながら手当たり次第に集めることが、フィールドワークでは重要である。

8-3 海外現地国のインターネットのサイトで現地資料を入手する

　現地のヤフー（Yahoo）などのネットサイトに入ると、現地の多くの情報・資料・データを簡単に入手できる。理想的には、現地に行って資料を収集するのが良いが、事前にネットで現地資料をえるメリットは大きい。

　現地調査の前には、調査対象企業のインターネットのサイトに入り、情報を

えておくことが大事である。

　現地の企業・政府・地方・機関・組織などのホームページに入ると、多くの情報・データを入手できる。著者がよく使うのは、オーストラリア政府統計局（Australia Statistic Office）とベトナム政府統計局（Vietnam Statistic House）、などである。

8-4 海外での現地調査——現場主義を重視

　海外をテーマとした研究では、著者はできるだけ現地を訪ねて、調査対象などに行くことにしている。国内研究のみならず海外研究でも、現場主義を重視している。調査課題に関連した、現地の施設、博物館、資料館、歴史遺産、などを訪問し、資料蒐集をしている。

　著者の1つの研究課題である「戦前期の南洋への日本企業進出と日本人移民の歴史」では、江戸時代の鎖国前、最盛期には数千人規模の日本人町のあったベトナムのホイアンで現地調査を行った。当時の日本は、東南アジアと朱印船による交易を活発に行っており、ホイアンはその1つであった。他の東南アジアの交易地として、マラッカ、アユタヤ、マニラ、バタビア（インドネシア）、などがあった。ホイアンは、ベトナム中部の大都市ダナンから車で1時間程度の美しく活気と由緒のある町で、世界遺産にも登録されている。ホイアンでは、ホイアン博物館、日本人によって作ったとされる日本橋（来遠橋）を中心とした歴史遺産の現地調査を実施し、資料を蒐集した。

　他の東南アジア諸国との朱印船による交易地として、マラッカ、アユタヤ、マニラ、バタビア、台湾、などがあった。著者は、マレーシアのマラッカ、タイのアユタヤでも、かつての日本人移民の歴史に関する現地調査も行った。現地にある関連する、歴史遺産や博物館・資料館（アユタヤには日本人移民や交易に関する博物館もある）を訪れ資料蒐集を行った。

　また、その課題に関連して、著者は、そのほかのオーストラリア、パプアニューギニア、サイパン、ニューカレドニア、シンガポール、マレーシア、ミャンマー、インドネシア、ラオス、カンボジア、フィリピン、台湾、中国、ハワイ、米国ロサンゼルス、などを訪れ、現地の歴史遺産や博物館・資料館を訪れ資料蒐集を行った。

最近の訪問で印象深いのは、オーストラリアのケアンズ（グレートバリアリーフや熱帯雨林の世界遺産がある世界的に有名な観光地）博物館で、戦前期の日本人労働者や日本人移民の展示や資料があったことである。日本人移民は、砂糖キビ栽培の契約労働者として働いていた。

　また、ニューカレドニアで、戦前期に多くの日本人移民がニッケル鉱山の採掘に従事していたことがわかった。現地を訪ねて、新しい発見をすることができた。

8-5 海外でのフィールドワーク

　海外でのフィールドワークは、海外の現地地域や企業などに入り込み、調査、観察、体験、聞き取り、人間関係の構築、アンケート調査、インタビュー、見学などをする研究である。

　まず、現地に行って、歩いて、感じて、考えることが重要である。著者は、現地の街を出来るだけ散歩して観察する。現地の商店・露店・屋台・ショッピングセンター・スーパー・デパートなどに立ち寄り、「商品の価格」、「どこで作られた商品か」、「現地企業の商品か外資企業の商品か」、「商品にどのような特徴があるか」、「現地の物価水準や所得水準」、「現地の好みは何か」、「現地社会の格差」、などを歩いて調べ、考える。現地での人々の様子・景色・風景・色彩・音・匂い、などを感じる。また、非言語コミュニケーションにも関心を払う。私は、よく現地の（公設）市場・マーケットに行くことにしている。そうすると、現地での状況がなんとなく解ってくる。

　また、現地の大きなショッピングセンター・デパート・専門店を訪れ、製品、商品、サービスを詳しく観察している。パンフレットがある場合は、必ず入手している。最近の体験では、ベトナムのショッピングセンターに電気自動車の展示店舗があった。ベトナムのメーカー「ビンファースト（VINFAST）」というブランドで、ベトナムも国産の電気自動車を開発・製造・販売するようになったのかと感慨深い思いがした。

　さらに、街の路地などを歩くと、市民の生活の様子もわかる。私は、発展途上国では、貧困者が住んでいるスラム街にできるだけ行くことにしている。そこに行くと、その国の国民の生の姿を見ることができる。私が行った印象深い

のは、ミャンマー、インドネシア、ベトナムの都市のスラム街である。それらのスラム街は、鉄道線路沿いにもある。どの国のスラム街も、意外に治安が良く、清潔で、食料事情もそれほど悪くなく、皆明るいようだというのが印象的であった。

　海外でのフィールドワークの準備段階として最も重要なのは、その国の企業経営環境として重要な要因は何かを解明することである。

　中国やベトナムなどの共産党政権の国は、経済制度、政治制度、企業制度、国有企業の改革と民営化、民間企業、外資政策、などがより重要となる。

　東南アジア諸国では、各国で状況が違うが、政治状況、経済政策、外資政策、財閥、文化、社会、民族などがより重要となる。東南アジアでは、家族制度も重要となる。東南アジア諸国の財閥、特にそれらの国で経済的な力のある華僑・華人は、血縁関係の結びつきが強く、大家族制であり、それが企業行動に大きな影響を与えている。

　アメリカ、オーストラリア、イギリスなどのアングロサクソン国家では、アングロサクソン国家特有のコーポレートガバナンス、経営行動、人的資源管理、労使関係、文化、社会などが重要となる。

　海外での実際のフィールドワークでは、調査先の企業を訪問して、日本企業派遣者・現地人経営者・管理者・社員・従業員に対して、インタビュー、質問紙調査、および会社・工場見学、参与観察、などの方法を用いて研究する。1社のみでなく、複数の会社で実施することが望ましい。著者は、40社程度のベトナムにある現地資本企業、日系企業、欧米系企業で、フィールドワークを行った経験がある。

　理想的には、特定の企業の中に長期間入り込んで、企業の内部・現場を観察、聞き取り、出来れば現場と同じ仕事を体験するなどという、文化人類学でよく用いられるフィールドワークを行うことである。現実には、企業の内部で外部の研究者がフィールドワークを行うことは、企業の秘密保持などの観点から、近年難しくなってきている。

8-6 海外調査対象企業の選定

　海外で、企業の現地調査を行うことは、近年、きわめて難しくなってきてい

る。しかし、何らかの形で、海外企業を対象とした調査研究やフィールドワークを行うことは、経営学研究の進歩のために重要である。

　まず、海外調査対象企業の選定を行う必要がある。その主要な方法として、以下がある。

　第1は、海外での日系企業に関する調査の場合、日本の本社からの紹介・斡旋がある。この方法は、現地調査が最もやりやすい。

　第2は、日本や現地の機関・組織からの紹介である。主要な日本や現地機関として、外務省大使館・駐在員事務所、JETRO（日本貿易振興機構）、現地の商工会議所、現地の日本人会、などがある。

　第3は、質問紙調査の回答企業である。これは、著者が最も多く使った形である。郵送調査の質問欄に「調査にお伺いしてよいですか」を入れ、訪問先の企業・担当者を回答してもらう。著者のベトナム企業調査では、日系・欧米系・現地資本企業とも、回答のあった企業の半数程度が、受け入れ可能との回答があった。その後、回答企業にアポイントメントをとって、約40社程度、企業訪問し、インタビュー、工場見学などを実施することができた。そのほかの国、オーストラリア、中国、台湾、タイ、インドネシア、フィリピン、ミャンマーなどでも、同様な方法で、調査を行った。

　第4は、現地研究者との共同研究である。著者は、この形で、オーストラリア、中国、台湾、タイなどの国で調査を実施した。特に成果が上がったのは、著者がオーストラリアのモナッシュ大学に客員研究員として赴任中に、大学の研究者とともに、当時メルボルンにあったトヨタ、デンソーなどの日系企業、および現地資本企業を訪問し、調査することができた。

　第5は、現地での何らかのコネクションである。公私の知り合い、大学や高校の同窓会（海外の現地に同窓会が存在する場合がある）、教え子、留学生、などの紹介で、海外の企業を訪問する。特に成果が上がったのは、著者のゼミの中国人留学生が帰国する際に、西安の中国企業を訪問する機会を設けてくれたことである。その留学生の親は地元の共産党の幹部で、西安の現地企業の社長のみならず、西安の市長や共産党地区委員会委員長にも会うことができた。中国での共産党の実態と中国企業の姿を深く見て体験することができたのは貴重な経験であった。

8-7 事例（ケース）研究

　海外でのフィールドワークにおいてまず先に行わなければならないことは、調査対象企業の事例（ケース）研究である。研究対象の企業に関する先行研究、ネットでの資料、社史、データなどで、研究対象企業やそのグループについて詳しく調べておくことである。

　事例（ケース）研究を行ったうえで、可能であれば、現地でのフィールドワークの計画を立てる。

8-8 工場見学

　海外での工場見学は、きわめて貴重な経験なので、注意深く観察する必要がある。

　録音や録画は禁止というのがほとんどなので、こまめにメモを取って、後で整理するのが良い。事前に、その産業の他社への工場見学、生産管理や生産マネジメントに関する知識の勉強、などをしておくと理解が深まる。

　現地語が理解できない場合は、通訳を同行する必要もある。著者のベトナムや中国での現地工場調査では、ベトナム人や中国人通訳を伴って調査をした。

　工場見学では、以下の点を特に注意して観察するか、聞くとよい。

（1）全体の生産プロセスはどうなっているのか。製造工程はどのようなものか。また、製造、工場の特徴は何か。

（2）工場の自動化の程度はどうか。どのような工程で自動化しているか。日本の工場と比較して自動化はどうか。

（3）部品や原材料の調達はどうなっているか。現地調達か、海外からの輸入であるか。現地日系企業からの部品・原材料調達があるか。

（4）工場は、労働集約型か資本集約型か。労働集約型の工場では、どの工程や部分で労働者が作業をしているか。労働者は、どのように仕事をしているか。単純作業か熟練作業か。技能・教育訓練の形態。

（5）生産設備や機械はどこで作られたものか。日本製、現地製、海外製か。日本の工場で使われた中古の機械を使用しているか。

（6）生産のトラブルや機械の故障の際の対応はどうなっているのか。

（7）現場労働者のシフト、労働時間、休日、賃金、などの労働条件はどの

ようになっているのか。現場労働者は、正規従業員か非正規雇用者か。現場労働者の年齢、性別、出身地はどうか。

（8）品質や改善の取り組みはどうなっているのか。

（9）生産の現地化の程度はどうか。日本人派遣社員の数はどうか。現地人のみで生産することに支障はないか。

（10）エンジニア、技術者の役割。メンテナンス部門の役割。

（11）工場や生産での問題点・課題はなにか。

8-9 インタビュー

　事前に、何を質問するかを明確にし、研究・解明したいことをよく把握しておくことは重要である。質問表や質問案を、事前に作っておくことである。実際のインタビューでは、相手の様子や状況を見ながら、その内容を調整する。

　しかし、現実には、質問に答えてくれる人は、千差万別で、会社の状態をよく把握し、知っている人だけではない。あまり成果をあげられない聞き取り調査もあれば、素晴らしい人物に会って、極めて優れた成果をあげられるケースもある。

　著者の経験からすると、海外での日系企業の社長・経営者・工場長レベルの人のほうが、下位の階層の人より、国際経営戦略・現地経営という視点から話してくれることが多いので、優れた成果をあげられるケースが多いように思われる。また、工場長レベルの人も、生産現場を熟知している人が多いので、参考になることが多い。

　職場・工場・従業員に対して、インタビューでは録音ができるか、必ず確認すべきである。録音ができるほうがベストだが、できない場合はメモをよく取って、後で整理するとよい。

　インタビューの内容は、研究課題に関連する内容となるが、以下の点については基本となることなので、可能であれば聞いておくか、よく調べておくとよい。なお、必要があれば、現地語通訳を使うこと。

（1）日系企業の場合では、現地企業の目的は何か。輸出型か、現地市場型か、またはそれらを同時に行っているか、など事業の性格の詳細。国際経営上の現地企業経営の現状と課題。現地企業の場合では事業概要はどのよ

うなものか、その経営戦略など。

（２）現地日系企業の場合、現地化はどの程度進んでいるか。経営者は、日本人か、現地人か。日本人派遣社員の人数。現地への権限移譲など、合弁の場合、現地パートナーと対立や問題がないか。

（３）現地企業の生産の特徴は何か。生産上の問題点、課題。

（４）現地従業員への人事・労務、労使関係などの人的資源管理の状況。賃金、労働時間、休日、採用、人事考課、職務分類、キャリア、昇進、労働組合、労使関係、福利厚生、教育訓練、オフィスレイアウトなど。

（５）現地企業のマーケティング戦略の特徴と課題。流通・販売。

（６）現地企業のサプライヤーの現状と課題。部品・原材料調達。

8-10 オーストラリアでのフィールドワークのケース

著者は、オーストラリアの大学で客員研究員として滞在中に数年間にわたってフィールドワークを行った経験がある。

まず、異文化経営の視点で、オーストラリアの企業内経営システムの比較制度分析を行った。トップマネジメントのシステム、資本構造とコーポレートガバナンスのシステム、人的資源管理のシステム、意思決定論よりみた組織と組織行動のシステム、などを分析した。オーストラリアの企業経営環境として、オーストラリアの経済と産業政策を分析した。さらに、オーストラリア特有の制度である労使関係と賃金決定、特にアワード（裁定）について研究した。

オーストラリアの日系企業や現地企業へのフィールドワークも行った。フィールドワークは、質問紙調査、工場見学、日本人派遣社員への聞き取り、現地従業員への聞き取り、などを実施した。オーストラリアの日系企業の調査では、経営戦略、組織と組織行動、人的資源管理と労使関係、生産・工場管理・技術移転、およびケース研究を質問紙調査や企業調査などで研究した。

このような著者の研究成果として、『異文化経営とオーストラリア』（中央経済社）として出版したので、関心のある方は、読んでほしい。

8-11 ベトナムでのフィールドワークのケース

著者は、ベトナム研究でも、数年間、数回にわたってフィールドワークを

行った経験がある。

　まず、ベトナムの主要都市であるホーチミン、ハノイ、ダナン、ダラット、フエなどを訪問し、予備調査を行った。

　その後、ベトナム各地の現地企業、日系企業、欧米企業、約40社程度を対象としたフィールドワークを行った。数年にわたりベトナムに繰り返し訪問し、企業経営者へのインタビュー、工場見学、現地従業員への聞き取り、アンケート調査、などを行った。質問表は、日本語、英語、ベトナム語という3種類を作成した。ベトナム現地資本企業を対象とした経営者へのインタビューや工場見学では、ベトナム人通訳が同行した。ベトナムの企業では、国有企業と民間企業を訪問した。ベトナム現地企業の訪問は、大変貴重な経験であった。

　ただし、1つの企業に一定期間入り込んで、現場のベトナム人従業員とともに過ごし、人間関係を構築し、参与観察をするという、厳密な意味でのフィールドワークができなかったことは残念であった。

　なお、著者の研究成果を、『ベトナム現地化の国際経営比較──日系・欧米系・現地企業の人的資源管理、戦略を中心として』（文真堂）として出版したので、関心のある方は、読んでほしい。

9　日本国内でのフィールドワーク

　フィールドワークの基本は、現地に行って、なんらかの形で現地に入りこむことである。理想的には、企業の中に長期間入り込んで、企業の内部・現場を観察、聞き取り、出来れば現場と同じ仕事を体験するなどという、フィールドワークを行うことである。現実には、企業の内部でフィールドワークを行うことは、企業の秘密保持などの観点から、近年、難しくなってきている。

　あまり好ましい方法ではないが、フィールドワークを目的として、調査対象の企業にアルバイト、派遣社員、契約社員などで潜り込んで、体験するという手もある。その場合、会社の機密の情報を外部に漏洩しないように注意する必要がある。会社名を公にせず、匿名で研究成果を公表するような配慮もあろう。

　著者は、大学卒業後、新卒で2年間ほど会社（大日本印刷（DNP））に正社員として勤務した。その時期、著者は、『週刊新潮』、『サンデー毎日』などの

週刊誌を担当し、印刷現場に行く機会も多かったので、生産現場、機械、工程、従業員、印刷工、植字工（当時はまだ鉛の植字での版組も多かった）、熟練工、作業員などをよく観察した。また、会社の経営やコーポレートガバナンスについても経験・観察した。これらの体験は、著者の経営学研究において大きな経験となった。

10 国際比較研究、比較経営研究

　事例研究をする場合、各種の比較研究もよく行われる。国内企業同士、国内と海外企業との比較などが行われている。

　特に、国際比較研究は、日本企業と海外企業との共通点や相違点を明らかにするために有効な方法である。

　著者も、ベトナムでの日系企業、現地企業、欧米系企業の経営比較を行い、興味深い結果がえられた。

　国際比較研究で注意することとして、各国の言語のニュアンスの差異に注意することである。著者は、日本語のアンケート内容を、英語とベトナム語に翻訳して海外で調査を行った経験がある。その際、言語のニュアンスが各言語において違うため、その結果がアンケート調査結果に反映した可能性があることである。

　たとえば、日本語で「従業員」、英語で「worker」とは、微妙にニュアンスに差がある。欧米の工場では、従業員でもブルーカラーとホワイトカラーとは明確に区別がある。このように、文化的に言語の意味を事前に考慮した、質問票の翻訳作成が重要である。

11 国内企業の比較研究

　日本での調査研究は、海外と比較すると容易である。

　調査対象の会社にアポイントメントをとれれば、聞き取り調査や工場見学などもできる。日本企業に関する各種資料は多いので、それも活用できる。最近、企業は情報公開が要請されているので、会社のホームページでも多くの情報や

データを公開している。それで、データ分析ができる。

　大企業では、会社の歴史を綴った「社史」を作成している会社が多い。歴史の長い会社では、創業から現在まで、年次別に複数の社史を持つ場合もある。個別企業の社史は、ケース企業研究、比較研究において．大変参考となる。特に、その企業の歴史的発展をとらえる際、大変有効である。

　社史は、「日本の古本屋」、「Amazon」などのネットのサイトで、比較的安い価格で入手できる場合もあるので、研究対象企業の社史は購入して自分の手元に置くことが望ましい。

12 歴史比較研究、歴史制度比較研究

　経営学を研究する場合、主に原典の書籍や歴史資料に基づく歴史比較研究という視点も重要である。過去の歴史や制度を現在と比較することで、現在の経営をより理解でき、将来・未来の展望も可能となる。

　たとえば、日本企業の経営を明治時代と比較してみる。明治時代では特有な制度があり、経済発展の初期の段階であったため、現在と違う点もある。しかし、現在と明治時代の企業経営では共通点もある。このように、各時代の特有な経営環境としての制度や状況をとらえたうえで比較するアプローチが、歴史比較制度による経営比較研究である。

　その際、歴史を再検証するという研究姿勢も重要である。歴史的事実とされていることが、本当に正しいか、当時の文献や歴史資料などを用いて、可能な限り再検討することである。そうすると、新しい歴史的事実を発見することができるかも知れない。

13 文献研究

　経営学は、社会科学であるため、文献研究も重要な研究方法である。文献としては、内外の書籍、論文、各種資料などがある。先行研究を把握するためには、文献研究は必修である。

　国立国会図書館では、日本で発行された古い文献や資料のデータベース化

（「国立国会図書館デジタルコレクション」）が行われており、誰でもコンピューターで見ることができるので大変有益である。

　古典といわれる文献研究も重要である。古典研究は、現在・未来の経営学を考える上でもすべきであろう。経営学の分野でも、経営学説史があり、主に古典を中心とした研究がなされている。

　グローバルな視点で経営学を研究する際、外国の文献を読むことは重要である。最近の重要な文献は手元に置いておくべきである。また、図書館でも借りることができる場合があるので、活用すべきであろう。

　また、内外の学術論文は、大学の図書館などで入手ができる場合があるので、大学の図書館を活用すべきであろう。さらに、最近では、論文のデジタル化やデータベース化が進んでおり、大学の図書館などの論文データベースで閲覧が可能な場合もある。大学の図書館は、所蔵していない書籍や論文を他の図書館（国立国会図書館には日本で出版されたほとんどの書籍が収蔵されている）などから取り寄せてもらうことができる。

　経営環境や企業経営が急速に変化してきており、経営学研究において最新の研究を把握しておくことは重要である。最新の研究動向を知るため、内外の学術雑誌を読む必要がある。国内の文献・論文のみならず、海外の研究文献・論文を読んでおくことも必要である。現在、第4次産業革命の真っただ中にあり、情報化、IT、ビッグデータ、人工知能、ロボット、IoT、メタバース、サブスクリプション、リモートワーク、などの最新の経営環境を把握しておくことも重要である。

14 データ分析と経営学

14-1 データの入手先

　経営学研究において、代表的な公開データの入手先、利用できるデータとして、以下がある。

　1.　企業の財務・会計や企業概要のデータ

　　情報公開の動きから、多くの企業、特に株式公開企業等は、財務・会計データや企業概要データなどを企業ホームページなどで公開している。

２．政府や地方が公開している統計データ

　情報公開の動きから、政府や地方が調べている統計データは、ほとんど
ホームページなどで公開している。また、省庁などで出している白書（例え
ば「経済白書」、「厚生労働白書」等）や調査報告なども多くが公開されてい
る。地方でも、多くの情報が公開されている。

３．国際機関が公開している統計データ

　国連、UNDP、ILO、世界銀行、WTO、など。

４．調査機関・シンクタンク・新聞社が出しているデータ

　日本経済新聞社（日経テレコン）、ジェトロ（日本貿易振興機構）、アジア
経済研究所、民間シンクタンク。など。

５．海外の政府が公開している統計データ

　各国政府の統計データは、ほとんどの国でインターネットにより公開して
いる。著者は、ベトナム（Vietnam Statistic House）、オーストラリア
（Australia Government Statistic）などを、よく利用している。

14-2 データ分析の方法

　データ分析の方法として、モデル構築と分析、仮説検証と事実発見、仮説推
量と条件（環境）、相関分析と多変量解析、などがある。コンピューターソフ
トのSPSSパッケージは、データの多変量解析によく利用されている。多変量
解析には、平均値の差の検定（t検定）、分散分析、重回帰分析、主成分分析、
因子分析、パス解析、クラスター分析、判別分析などが用いられる。

　分析する際、相関が高いといっても、疑似相関に注意すべきである。たとえ
ば、企業の比較研究において、従業員のモチベーションと企業業績に高い相関
があったとする。この結果は、従業員のモチベーションが高いため、企業業績
が高くなったと結論づけてよいのであろうか。実は、社会的威信の高い、いわ
ゆる一流企業は待遇もよく、そのためにモチベーションが高く、業績は経営環
境がよく経営戦略も優れていたためかもしれない。このように、疑似相関をな
くすために、媒介変数としての企業規模・社会的威信・業種・創業年数、業界
内の地位、国際化の程度、賃金、休日、などの変数を考慮することが重要であ
る。このため、サンプルが多い場合、多変量解析を行うのが望ましい。

社会や企業などは複雑であるので、因果関係を研究する際、複雑な相互関係やその連鎖を考慮する必要がある。

15 研究成果の発表・公表

学位論文として、卒業論文、修士論文、博士論文、がある。学内に、大学院紀要、学部紀要がある場合は、研究成果の発表・公表ができる。

研究成果の発表・公表で、望ましいのは学術学会での学会報告・学会誌への掲載、権威ある学術誌への論文掲載、などである。

大学院の後期課程の院生であれば、入会が可能である学会が多い。日本では、日本学術会議や経営関連学会協議会に加盟している学会は、権威ある学会とされている。学術雑誌（日本語、英文）への掲載は、多くはレフェリーによる査読がある。学術雑誌には、ランキングがあるとされている。積極的に報告や論文発表等の学会活動を行うことだ。

学術論文や学会報告内容を、指導教員や他の教員に見せて、指導してもらったり、意見を聞くことが良い。

研究成果の発表・公表で、最も望ましいのは。著書を出版することである。著書には、単著と共著があるが、可能であれば、一人で書く単著での専門書が好ましい。単著は、著者の力量が如実に出る。

単著ではなく、複数の者が分担して執筆する共著という形態もある。

出版社から本を出すことが一般的であるが、それができない場合は、自費出版という手もある。自費出版を専門に行う出版社もあるので、それを活用するのも1つの選択肢である。

16 論文での剽窃に注意

インターネットなどを使うと、簡単に論文や資料を入手できる。ネットで関連する論文や資料を簡単にみて、ダウンロードすることができるので、それをそのまま引用したり、盗用すると剽窃であるとみなされることがある。それを、注や参考文献の記載なしに使うと、場合によっては剽窃論文となるので、注意

すべきである。

　インターネットでの外国語論文も、グーグル翻訳など簡単に翻訳することができるようになったので、翻訳したものをそのまま使うのも剽窃となるので、注意を要する。

　近年、論文の剽窃を調べるソフトもあるので、修士論文や博士論文の審査には使われるようになっている。そのようなこともあり、必ず見つかるので、論文や著書の剽窃は絶対してはならない。

　他者の論文や著書の多く部分を、いわゆるコピペするような行為は、現に慎むべきである。また、外国語文献の機械翻訳なども同様である。論文・文献での盗用・剽窃が修士論文・博士論文で認められた場合、学位の取り消しになることもあるので、注意すべきである。

　また、近年、発明され、発展している、人工知能を活用したChat GPTの利用に関しても、盗用や剽窃に注意して、最小限に活用すべきであろう。

おわりに──優れた経営学研究とは何か

　経営学の論文や文献として、優れた研究とは何かについて、考察してみよう。

　第1は、オリジナリティ・独創性のある研究であろう。何か1つでも、新しいことを発見できれば、成果であり、良い論文であると思う。研究において、オリジナリティとは何なのであろうか。数量分析の場合は、新しい仮説の構築と検証があろう。従来の仮説を否定するような成果もあるかもしれない。また、研究テーマ、内容、領域などでのオリジナリティである。先行研究があまりないか、ほとんどない研究は、新たな領域や新しい発見の可能性があるテーマである。さらに画期的なのは、従来のパラダイムを修正したり、壊すことができた研究成果である。

　第2は、研究の金脈を発見するような研究である。新たな研究領域を開拓でき、次々に新しい事実を発見できるかもしれない。きらりと先端が光るような研究である。その論文は、先駆的研究となる。

　第3は、実証・データ分析の基本に従っている研究である。データ、サンプル、分析内容、分析方法、仮説検証、事実発見など、研究プロセス、研究方法

が整っている論文である。研究方法では、相関分析、多変量解析、などによる統計解析が適切に行われていることである。

第4は、定性分析の論文の場合、理論研究、フィールドワーク、現地調査、比較研究、質問紙調査などを国内や海外で行い、新しい成果を得られたような研究である。このような研究は、時間と費用がかかり、手間がかかる地味な研究であるが、数量分析やデータ分析が多い経営学会において、依然として重要な研究方法であろう。

第5は、歴史的な視野と地域的な視野という2つの軸を持ちながらの経営学研究である。著者は、経営行動をとらえる場合、現在の時間と場所のみならず、過去・現在・将来という時間軸、および地方・国・地域・世界という地域軸、という2つの軸をとらえた上での研究が重要であると考えている。いわば、時間と地域の複眼的研究である。

第6は、ビッグデータの分析による研究である。現在、研究者がビッグデータを使って分析するのは難しいが、信頼できる多くのビッグデータを集めて、多様な方法で分析できるようになれば、大きな成果を得ることができる可能性がある。

第7は、将来・未来に役立つ研究である。地球温暖化、クリーン技術・製品、省エネルギーなどの環境問題、過疎化、人口減少、高齢化、格差などの人口問題、将来の発展が期待されている発展途上国・グローバルサウス諸国などでの企業経営やBOP戦略、ビッグデータ、人工知能、ロボット、IoT、メタバースなどの第4次産業革命の問題、さらにSDGs、労働の人間化、働きがいのある人間らしい労働（ディーセント・ワーク）、リモートワーク、職業・技能教育、貧困問題などは、これからの未来・将来にますます注目されていくであろう。

第8は、優れたフィールドワーク研究である。経営学でフィールドワークは難しい。企業の機密保持などのため、文化人類学のようにはいかないのである。そのような制約の中で、質問紙調査、観察、工場見学・調査、従業員への聞き取りなどの手段を用いてフィールドワークを行わなければならない。経営学のフィールドワークでも、文化人類学のように、家族制度、人間関係、文化、社会制度、社会体系などの経営環境の分析は重要である。また、現地語の習得も

必要である。文化と経営、国際比較の視点に立った丹念なフィールドワークが優れた研究であるといえるであろう。

（参考文献）

グエン・スアン・オアイン（丹野勲編訳）（1995）『概説ベトナム経済——アジアの新しい投資フロンティア』（有斐閣）。

マックス・ウェーバー（大塚久雄訳）（1989）『プロテスタンティズムの倫理と資本主義の精神』（岩波書店）。

丹野勲（1999）『異文化経営とオーストラリア』（中央経済社）。

丹野勲・原田仁文（2005）『ベトナム現地化の国際経営比較——日系・欧米系・現地企業の人的資源管理、戦略を中心として』（文真堂）。

丹野勲（2012）『日本的労働制度の歴史と戦略——江戸時代の奉公人制度から現在までの日本的雇用慣行』（泉文堂）

丹野勲（2017）『日本企業の東南アジア進出のルーツと戦略——戦前期南洋での国際経営と日本人移民の歴史』（同文館）。

丹野勲（2018）『戦前の南洋日本人移民の歴史——豪州、南洋群島、ニューギニア』（御茶の水書房）。

丹野勲（2021）『日本の国際経営の歴史と将来——アジアとの交易・投資の通史と国際交流』（創成社）。

丹野勲（2021）『国際・歴史比較経営と企業論——モダン・情報化・グローバル化・SDGsと経営行動』（泉文堂）。

第2章 アンケート調査データによる仮説の検証

はじめに

　経営学、マーケティング分野においては、従業員のモチベーションに関する調査や消費者ニーズの調査など、様々な場面においてアンケート調査が行われている。とりわけ、その多くは心理面の意識調査（満足度、好み、欲求、将来の意向など）であることが多い。また、人口全体や企業全社に調査票を送ることは多額の資金が必要となるため不可能である。そこで、少数の対象者から得た情報をもとに集団全体を推定することが必要となってくる。本章においては、経営学、マーケティング分野において最も多く使用されるアンケート調査に焦点を当て、仮説を設定しそれを検証する方法について入力方法や難解な計算式を極力省略し、結果の見方に重点を置いてわかりやすく解説する。

　まず統計の基本である母集団とそこから得られるサンプリング（標本）、データの種類と特徴ならびに単純集計について概説する。

　次いでクロス集計であるが、これはグループごとの違いが表現できる集計方法であるため仮説の検証などでよく使用されるものである。集計結果をもとに比率の違い（カイ二乗検定）や平均値の違い（t検定）について例をあげながら詳述しており注意点なども記載してある。

　さらに、相関分析の説明とともに無相関検定、単回帰分析、重回帰分析の各要点と注意点、結果の解釈の仕方についてまとめてある。

　最後に、アンケート調査において自由回答欄を設ける場合が多く見受けられるため、大量の文章（テキスト）から特性や問題点を浮き彫りにできる手法であるテキスト・マインイグについて、例を示しながら結果の見方を解説している。

　本章では紹介しきれないが、これら以外にも仮説検証に使用できる多変量解

析の手法など、難解ではあるが多数の分析方法があることも付記しておきたい。

■1 母集団とサンプリング

　あなたは、パンメーカーの商品開発担当者だと仮定しよう。多忙な会社員向けの惣菜パンを新たに開発することとなり、従来の惣菜パンの不満な点や物足りない点（味や具など）を聞き出すべく、アンケート調査を実施することにした。こうした場合、就業者全員つまり 6,700 万人に調査（「全数調査」という）ができれば良いが、集団の規模が大き過ぎて予算的にも時間的にも不可能である。そこで、調査対象となる集団全体（母集団という）から一部（例えば 300人）を抜き出した小さな集団（「標本：サンプル」という）から求めるデータを収集・分析することにより、母集団全体の特徴や傾向を推測することが可能となる。まずは、得られた手元のデータ（標本または母集団）から現状をわかりやすく把握するために、平均値を求めたり、グラフ（度数分布）や表を作成する必要があり、これを記述統計という。また、サンプル・データの場合は「推定」「検定」という統計手法を用いて母集団の特性を推測する（これを推測統計という）。なお、重要なのはランダム（無作為）な方法で標本を抽出することであり、これを無作為抽出（ランダム・サンプリング）という（図表 2-1

図表 2-1　母集団と標本

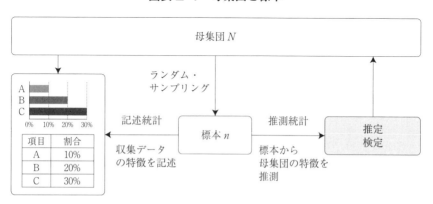

参照)。

アンケート回収数は最低どれだけあれば良いかという点については、検定や相関などの分析をするのであれば、理論上、最低30票必要となる（東京大学教養学部統計学教室, 1991）。

これは、サンプルの大きさが30以上であれば標本平均の母集団が正規分布でなくても検定統計量はt分布に近づくためである。ただ、実際に分析結果を他者に説明する際には、調査テーマにより違いがあるものの100票以上を回収しデータとして使用した方が説得力が増すと思われる。

▨ 2 データの種類

2-1 質的データと量的データ

データ（Data）とは、「様々な事象や人、物に関して観察、記録により収集された事実」と定義される（Clare and Loucopoulos, 1987）。

例えば、ある店の経営者に質問し、「店の定休日は水曜日です」「店の従業員数は20名です」「今日の売上高は30万円でした」という回答を得た場合、「水曜日、20名、30万円」はデータである。この時、定休日、従業員数、売上高など、測定する項目のことを変数という。

データは、量的データと質的データの2種類に分類される。

質的データ（Qualitative data）とは、文字、写真、音などのデータのことである。これらは、観察やインタビュー等により収集されたものである（McLeod, 2019）。

アンケート調査票においては、心理や行動などについて選択肢を付記した質問を設計するときに質的データが多く使用されており、「1. はい 2. いいえ」はその典型例である。質的データには、名義尺度と順序尺度の2種類がある。一方、量的データは量に関する情報が数値で表されているため、足したり引いたりできる変数であり、間隔尺度と比例尺度の2種類ある。以下において、これら4つの尺度を説明しよう（図表2-2参照）。なお、アンケート票を設計する際に自由回答欄を設ける場合がある。これも質的データの一種であり、テキストマイニング（後述）等で分析する。

①名義尺度（Nominal Scale）

　性別、業種、職種、郵便番号、電話番号など、単に他と区別するために付与した数字は名義尺度であり、それらの数字を足したり引いたりしても意味がない。また、大小関係がなく順序としての意味もない。度数をカウントし、割合を計算するといったことしかできない。以下の設問の選択肢は名義尺度である。

> （質問）あなたの勤務先の業種は以下のどれですか。
> 　1．製造業　2．卸・小売業　3．サービス業　4．その他の業種

②順序尺度（Ordinal Scale）

　順序や優劣等を示すために割り当てた数値（尺度）。満足度、ランキング、成績（5段階評価他）、要介護度、服のサイズ（S,M,L）などは順序尺度である。例えば以下の設問の選択肢は順序尺度である。

> （質問）あなたは、紅茶をよく飲みますか。
> 　1．毎日飲む　2．時々飲む　3．ほとんど飲まない　4．全く飲まない

③間隔尺度（Interval Scale）

　目盛が等間隔であり、数字の差が意味を持つ尺度。0（ゼロ）は「何も無い」状態ではなく、値の1つに過ぎない。温度、偏差値、西暦年、緯度・経度などが間隔尺度である。温度が10度から30度になった時、「温度が20度上昇した」ことには意味があるが、「温度が3倍の暑さになった」とは言わないし意味を成さない。足し算、引き算、平均値（例：平均気温）は可能であるが、掛け算、割り算には意味がない。以下の設問の回答が間隔尺度の例である。

> （質問）あなたの会社の創業年を記入してください⇒（西暦）＿＿＿＿＿＿年
> （質問）あなたは何年生ですか。　1．1年　2．2年　3．3年　4．4年

④比例尺度［比率尺度、比尺度ともいう］（Ratio Scale）

　数値そのものに意味があり、四則演算が可能である。例えば、売上高、来店

客数、売場面積、従業員数、年齢、市場シェアなどが比例尺度である。0（ゼロ）は原点であり「何も無い」という意味である。来店客が去年は平均 50 人だったが今年は平均 100 人となった場合、来店客数が 2 倍に伸びたといえる。以下の設問の選択肢が間隔尺度の例である。

（質問）御社の昨年度の年間売上高を記入して下さい。＿＿＿＿＿万円

図表 2-2　質的データと量的データ

データ	質的データ	名義尺度	「1. 女性，2. 男性」などのように、意味の違うものを数字で置き換えただけの尺度 （例）性別、電話番号、所属部署
		順序尺度	順序を数字で表した尺度。大小の比較が可能。 （例）売上ランキング、服のサイズ（S, M, L）
	量的データ	間隔尺度	0（ゼロ）に意味はない。和と差（＋−）の計算は可能だが乗除（×÷）は不可。平均値は計算可能。 （例）時刻、温度、学年
		比例尺度	加減乗除（＋−×÷）が可能 （例）売上高、来店客数、従業員数 （100 人は 50 人の 2 倍の人数）

（筆者作成）

2-2 リッカート尺度（Likert Scale）

　社会学者リッカートが開発した尺度である。国内外を問わず、社会科学分野のアンケートの質問項目において最もよく使用される回答形式であり、下記のような 5 件法（または 7 件法）が多用される。

1．反対　2．やや反対　3．どちらともいえない　4．やや賛成　5．賛成

1．不満足　2．やや不満足　3．どちらともいえない　4．やや満足　5．満足

1．そう思わない　2．ややそう思う　3．どちらともいえない　4．あまりそう思わない　5．そう思わない

企業においては、消費者の新商品・新サービスに対する好感度、従業員の仕事満足度など、人々の心理や行動などを調べる際に利用されている。回収データは平均値の差の検定や重回帰分析、因子分析、分散分析などに用いられる。リッカート尺度は順序尺度ではあるが、各値の間が意味的にほぼ等間隔にあると仮定して間隔尺度として使用することができるのである。

　ただ、リッカート尺度を間隔尺度として扱うことに関しては、長い間、論争が続いていることも付記しておきたい（Carifio and Perla, 2008; 井上 , 2015）。

▰ 3　単純集計（Simple Tabulation）

　単純集計とは、アンケート調査票の設問１つずつに回答した人数（N：Number）と割合（%）などを表示することである。大学生を対象にしたアンケート調査（下記設問）を例にあげると、回収できたアンケート総数は200票であった。単純集計結果によると、回答者の学年別内訳は低学年が40%（80票）、高学年が60%（120票）であることがわかる。

問１．あなたは低学年（１～２年生）ですか、高学年（３～４年生）ですか。
　　　１．低学年　　　２．高学年

単純集計結果の表が図表2-3、グラフが図表2-4である。

図表 2-3　単純集計表

	人数（N）	割合
低学年	80	40%
高学年	120	60%
合計	200	100%

図表 2-4　円グラフ

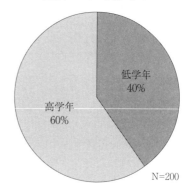

4 クロス集計 (Cross Tabulation)

4-1 仮説とクロス集計

　クロス集計とは、アンケート調査の2つ以上の設問（変数）を縦軸、横軸に置いて表を作成し、人数や割合を集計する方法である。仮説を検証する場合などに使用することができる便利な表である。ここでは、以下の仮説を設定してみる。

【仮説】 甘党の人より辛党の人の方がポテトチップスを好む割合は高い。

　この仮説が正しいか否かを明らかにするためには、甘党と辛党の両グループを対象にポテトチップスの好みについて質問をする必要がある。そして、甘党グループの方が辛党グループよりも「好き」と回答した割合が多ければ、仮説が正しかったことになる。統計的に意味のある差のことを「有意差」と呼び、有意差がない（甘党と辛党の間でポテトチップスを好む割合（％）に差がない）とする仮説を帰無仮説という。「帰無＝無に帰する」という意味は、「仮説検定をする意味が無い」ということである。また、その反対に「有意差がある」とする仮説を対立仮説という。通常は、2つのグループのサンプル・データを用いて帰無仮説が棄却された場合、対立仮説が採用されて「2グループ間に有意差がある」という結果が導かれることになる。

　わかりやすく述べると、対立仮説は本当に証明したい仮説のことで、帰無仮説は対立仮説を証明するために主に反対の表現で設定する仮説（「差が無い」「関係が無い」など無を意味する仮説）である。そしてサンプル・データを使用し、帰無仮説がほとんどあり得ないことだと否定することで「差が無いとは言えない」つまり「有意差がある」ことを証明しようとするのが統計的仮説検定なのである。

問2. あなたは甘いお菓子と辛いお菓子のどちらが好きですか。
　　　1. 甘いお菓子　　　2. 辛いお菓子

問3. ポテトチップスは好きですか。
　　　1. どちらかといえば好き　　　2. どちらかといえば嫌い

　図表2-5がクロス集計表であり、縦軸を「表側（ひょうそく）」、横軸を「表頭（ひょうとう）」という。通常、表側には「原因」となる設問を、表頭には「結果」を表す設問を置く。そして、各マス目に入る実数をカウントして入れる。実数として観測された度数という意味で「観測度数」という。また、通常は横に足し上げた値が100％になるよう各割合（％）も記載した表を作成する。

　この図表からは、辛党の人でポテトチップスを「好き」と回答した割合は70％、一方、甘党の人の同割合は50％であり、両者の間に20％の開きがみられる。つまり、甘党より辛党の方がポテトチップス好きであることがわかる。しかし、これはわずか350人を無作為に抽出（サンプリング）してアンケートをとったに過ぎず、日本全体からみれば微々たる人数である。わずか350人のパーセントの違いが全体（母集団）を意味しているのかどうか、信頼性に疑問が生じる。こうした場合、統計学の手法の1つである「χ二乗検定」を使うことにより、仮説が確率的に正しいか否かを判定することが可能である。なお、χ二乗検定はエクセル（Excel）や統計ソフトなどで簡単に計算することがで

図表 2-5　クロス集計表（観測度数）

（ 表 頭 ）

		ポテトチップス		
		好き	嫌い	（合計）
（表側）	辛党	70％ (140)	30％ (60)	100％ (200)
	甘党	50％ (75)	50％ (75)	100％ (150)

きるので本書では省略する（計算方法はネット上の解説や他書を参照願いたい）。

4-2 比率の差に違いがあるか：カイ二乗検定

　検定とは、「母集団に関するある仮説が統計学的に成り立つか否かを、標本のデータを用いて判断すること」（総務省統計局，2021）である。例えば「大学生はテレビを見る時間より携帯（スマホ）を使用する時間の方が長い」という仮説を立てた場合、大学生 300 人（＝標本データ）に実施したアンケートの回答割合をもとに、その仮説が母集団である大学生全体においても統計学的に成り立つか否かを判断することである。

　まず、「ポテトチップスの好みに、辛党、甘党の違いは影響しない」との仮説（これを「帰無仮説」という）を設定する。この場合、各マス目に入る数値はポテトチップスの好き、嫌いの比である 215:135 になるはずである。そして、辛党（200 人）と甘党（100 人）をこの比で按分した数値を 4 つのマス目に記入すれば、期待度数（図表 2-6）が出来上がる。期待度数とは、理論上の出現回数であり、各セルに期待される値のことである。

図表 2-6　期待度数

	ポテトチップス		(合計)
	好き	嫌い	
辛党	$\dfrac{215 \times 200}{350} = 122.9$	$\dfrac{135 \times 200}{350} = 77.1$	200
甘党	$\dfrac{215 \times 150}{350} = 92.1$	$\dfrac{135 \times 150}{350} = 57.9$	150
(合計)	215	135	350

　回収したアンケート 320 票のデータを全て Excel に入力し、χ（カイ）二乗検定を実施した結果、Pearson の χ 二乗値 ＝ 14.470（自由度 1）、P 値 ＝ 0.000 となり、「5％水準で有意差あり」との判定結果が示された。これは、同一質問のアンケート調査を何度実施しても 95％以上の確率で同じ結果が生じること

を意味する。「甘党と比べて辛党の方がポテトチップスを好きな割合が有意に高い」という結果は、当初の仮説が高い確率で正しいことを意味するため、「仮説は採択された」という結論になる。

　上記は、2×2表（2行×2列の表）の場合であり、それより行列が多い場合（2×5表など）はどの項目に違いがあるかわからない。こうしたケースでは、χ二乗検定を実施した後に残差分析（説明は省略）を行うことで、違いがある項目を特定することができる。

　＜注意点＞
①サンプル数は30以上必要である。
②クロス集計表を作成した際に、期待値が5未満となるセルが分割表のセル全体の20％を上回る場合には結果の信頼性が低くなるため、カイ二乗検定ではなく「Fisherの正確確率検定」を実施する必要がある。計算方法は割愛するが、SPSSではχ二乗検定の際にFisherの正確確率検定の結果も同時に出力される。

なお、クロス集計結果を視覚的に表現したい場合は、図表 2-7 のように甘党、辛党の2群に分けて棒グラフや帯グラフを作成する。

図表 2-7　グラフでの表現例

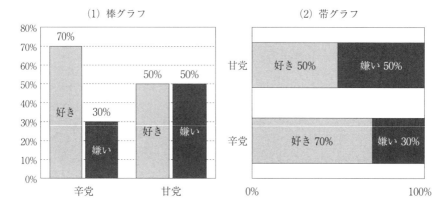

4-3 シンプソンのパラドックス（Simpson's Paradox）

　クロス集計を分析するにあたり、部分でみるか、全体でみるか、という点を考えることが重要である。ここでシンプソンのパラドックスといわれる、小集団間での比較と大集団間での比較では異なる（矛盾する）結果が生じる例を紹介しよう。

　図表2-8はラーメン店A店とB店の好感度の割合（「好き、嫌い」の2択で「好き」を選んだ割合）を男女別に表示したアンケート結果である。この表（1）を見る限り、男性客、女性客のいずれもB店よりA店を好んでいることから、「A店の好感度が高い」と結論づけてしまいがちである。しかしながら、両者を合計した人数、すなわち来店者全体（表（2））をみるとA店よりB店の方が好まれていることがわかる。このように、一部の集団をみて全体を見誤る（矛盾した結果が出てしまう）ことを「シンプソンのパラドックス」という（Kock & Gaskins, 2016）。

図表2-8　某ラーメン店（A店、B店）の好感度（「好き」を選んだ割合）

（1）性別の好感度

	男性客	女性客
A店	60% （90人中54人）	90% （10人中9人）
B店	50% （10人中5人）	80% （90人中72人）

（2）来店客全体の好感度

	男性客	女性客	来店客全体
A店	60% （90人中54人）	90% （10人中9人）	63% （100人中63人）
B店	50% （10人中5人）	80% （90人中72人）	77% （100人中77人）

5　平均値に差があるか：t検定（t-test）

5-1　t検定とは

　t検定（t-test）とは、ある変数（身長、高齢化率、好み、満足度など）について、2つの母集団から無作為に抽出したサンプル・データを用いて、その2つの母平均の値に差があるかどうかを、p値を求めることにより判断する検定方法である。スチューデントのt検定（Student's t-test）ともいう。表計算

ソフトのエクセル（Excel）には、t検定を実施できる関数が分析ツールの中に完備されている（計算方法は省略）。なお、比較したい値が「1.はい、2.いいえ」「1.有る　2.無い」といった2値の場合はt検定ではなく、カイ二乗検定を使用すべきである。

5-2 対応のあるなしとt検定

　t検定においては、2群の各データが同一の場合、「対応のあるt検定」を使用する。これは、同一標本（同じメンバー）を対象に比較することを意味する。例えばダイエット用の新サプリを開発したメーカーがその効果を調べるため摂取前後の体重を比較するケースである（図表2-9（1）参照）。それとは別に、同量のサプリを接種した男性と女性で体重減少の効果に違いがあるか否かを調べる場合のように、メンバーが異なる集団間を対象にする際は、「対応のないt検定」を使用する（図表2-9（2）参照）。

図表2-9　新サプリの比較（「対応あり」、「対応なし」の例）

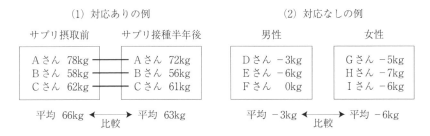

5-3 アンケート調査における2グループ間の比較

　対応のない2群の平均値の比較をt検定で行うには、以下の2条件が必要である（図表2-10参照）。
　①母集団が正規分布であること
　②2群の分散が等しいこと（等分散）
　まず母集団が正規分布でなければならない。ただ、標本数が十分大きければ母集団が正規分布でなくても標本平均は近似的に正規分布に近づく（「中心極

限定理」による）性質がある。十分大きいとは標本数が 30 以上のことを指す。よって n ≧ 30 であれば正規分布の検定は不要である。なお、正規性が無い場合は t 検定の対象とならないので、他の検定方法（マン・ホイットニーの U 検定など）を使用することになる。

次に分散の検定（Levene 検定、F 検定、Bartlett 検定など）を行う（SPSS では、Levene 検定の値が出力される）。その結果、等分散である場合は Student の t 検定を実施し、等分散でない場合は、Welch の t 検定を使用する。

図表 2-10　2 群の平均値の差の検定手順

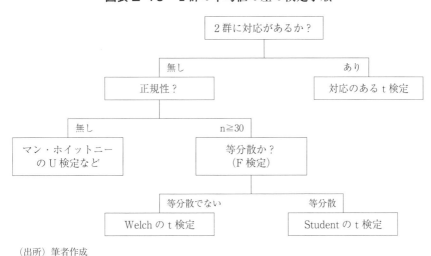

（出所）筆者作成

5-4　t 検定を使用した仮説検証の例

（仮説）ネット上の口コミを信用する消費者は価格よりも品質を重視する

この仮説を検証するために、下記の 2 つの質問を設けてアンケート調査を実施した。

設問ア. あなたはネットで商品を購入する際、ネット上の口コミを信用する方
ですか。

　　　1. どちらかといえば信用する方である（口コミ信用派）

　　　2. どちらかといえば信用しない方である（口コミ懐疑派）

設問イ. 商品を購入するにあたって、価格より品質を重視する。

　　　1. 当てはまらない　　2. あまり当てはまらない

　　　3. どちらともいえない　　4. やや当てはまる　　5. 当てはまる

　図表 2-11 は、アンケート調査データを用いて SPSS により t 検定を実施し
た結果である。これをみると、平均値、標準偏差、平均値の標準誤差がわかる。
次に図表 2-12 をみると、等分散の検定（Levene の検定）結果が載っており、
この有意確率 0.041 が 0.05（5％）以下であるので分散が異なる（等分散でな
い）と判断して、「等分散を仮定しない」の行をみる。そこには、「2 つの母平

図表 2-11　t 検定グループ統計量

	N	平均値	標準偏差	平均値の標準誤差
口コミ信用派	174	2.69	.971	.074
口コミ懐疑派	162	2.17	.921	.072

図表 2-12　t 検定結果

	等分散性のための Levene の検定		2 つの母平均の差の検定				
	F 値	有意確率	t 値	自由度	有意確率（両側）	平均値の差	差の標準誤差
等分散を仮定する	4.219	.041	5.057	334	.000	.523	.103
等分散を仮定しない			5.066	333.890	.000	.523	.103

均の差の検定」結果が記載されており、有意確率（両側）の値が「0.000」つまり0%とあり、5%より小さい。よって、2群の母集団の平均値は5%水準で「有意差あり」との判定結果が得られる。この結果から、「口コミを信用する人は信用しない人と比べて、価格より品質を重視する」という仮説は統計的に支持されたことになる。

　＜注意点＞ t検定は3群以上で使用してはいけない
　3群を対象に平均値の差の有無を検証する場合、2群のt検定を3回行えばよいと考えるが、それはできない。2群の組み合わせの中で誤差が積み上がり、判断を間違える可能性が増大するためである。3群の場合は、ANOVA（一元配置分散分析）または、Kruskal-Wallis検定を使用することになる。

6 相関分析

　ある店の来店客数と売上高について、両者の間には「来店客数が増えるほど売上高は増える」という関係が成り立つことは誰もが理解できるであろう。通常、2つの変数の間に一方が増えると、もう一方が増えるまたは減る関係（特に、直線的な関係）にあるような変数間の関連性のことを相関関係という。
　下図（図表2-13）のようにX軸、Y軸の該当する位置をプロットする（＝

図表2-13　正の相関・負の相関

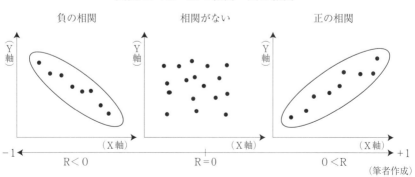

（筆者作成）

点を打つ）ことによりできる図を散布図というが、来店客数（X軸）と売上高（Y軸）の関係のように来店客が増加すると売上高も増加するような関係を「正の相関がある」、X軸（例えば気温）が増加するに従いY軸（おでんの売上高）が減少する関係を「負の相関がある」といい、相関の度合いを－1から＋1の間の相関係数によって表す。なお、相関係数が0の場合（0に近い場合）は「相関がない（ほとんどない）」という。

相関関係にはピアソンの相関係数（正式名称はピアソンの積率相関係数）とスピアマンの相関係数（正式名称はスピアマンの順位相関係数）が主に使用される。両者の違いは、ピアソンの相関係数が扱えるのはデータが「正規分布」（これをパラメトリックという）に従っていることが条件となるが、スピアマンの相関係数ではデータが正規分布に従っていない場合（これをノンパラメトリックという）でも使用できることである。また、スピアマンの相関係数は各データの順位をもとに計算するため、アンケート（質問紙）調査などで対象者の好み、満足度などを5件法で聞く場合などに用いられる。

どの時点で相関の有り無しを判断すれば良いか、わからない場合も多い。そこでサンプル・データをもとに算出された相関係数が、統計学的に有意であるか否かを判断することができる無相関検定を実施することが重要である。サンプル数と相関係数（r）の値がわかれば有意な相関があるかどうかがわかる（Excelで可能。詳細は図書、ネット上の解説等多数があるので省略）。

なお無相関検定では、帰無仮説が「2つの変数間の相関係数は0である（相関は無い）」、対立仮説には「2つの変数間の相関係数は0ではない」と設定される。そして検定を行った結果、p値< 0.05（対立仮説が否定）となった場合、2変数の間には有意な相関関係が認められることになる。

相関分析を行う際の仮説の例として以下があげられる。

仮説：身長（cm）と体重（kg）の間には関連性がある

この場合、多数の人の計測データを用いて計算した結果、相関係数 = 0.6、無相関検定によるp値 = 0.001 < 0.05となったとすると、両変数の間に有意な

70

相関関係が認められたことになる。このように 2 変数間の関連度合いを知りたい場合に用いるのが相関分析である。

＜注意点＞

（1）相関関係と因果関係は異なる

　相関関係は X が増える（減る）と同時に Y も増える（減る）という関係であり、X と Y が同時に変化している。

　一方、因果関係（原因と結果の関係）は、X が増える（減る）とともに、X が原因となって Y も増える（減る）という関係にある。この時、ほとんどの場合、時間軸上では原因となる X が先に起こり、Y（結果）は後に起こるという関係にある。点滴薬と高熱の治療の例では、解熱点滴薬（X）を投与し続けると熱（Y）が徐々に治るという関係が因果関係といえる。

　よって、相関関係があるから因果関係があるとは必ずしも言い切れないため両者を混同しないようにする必要がある。仮説検証などでは先行研究や定性的視点から因果関係を推論し、回帰分析や共分散構造分析などを使用して実証する場合が多い。

（2）データ数が多い場合の相関係数

　無相関検定においては、データ数が多くなるほど相関係数が低くても有意な結果が出ることになる。そのため、例えば 1,000 人分のアンケートデータが得られた際、2 つの変数間の相関係数が 0.1 であっても「有意」となることがある。こうした場合に「両者の間に関連性がある」と言い切ることは難しい。あくまで相関係数の値を考慮に入れて判断すべきである（小塩，2015）。

7　単回帰分析と重回帰分析

7-1 単回帰分析

　ある説明変数が原因となり他の変数が結果となるのであれば、それを仮説として単回帰分析で証明することができる。

仮説：気温が高くなるとアイス（アイスクリーム or シャーベット）の消費額が増える

　上記の仮説では気温（説明変数または独立変数という）が原因、アイスの消費額（従属変数、目的変数あるいは被説明変数という）が結果となる。ここで原因を X、従属変数を Y とする以下の一次式を設定する。この式は説明変数が1つであるため単回帰式といわれる。

Y（アイス消費額）＝ aX（平均気温）＋ b（切片）

　ネット上から毎月の平均気温（気象庁の HP に掲載）およびアイスクリーム・シャーベットの1世帯当たり平均支出額（e-stat の家計調査）が入手できるので、そこから 2021 年 1 月〜 2022 年 12 月までのデータを用いた散布図を作成し、もっともあてはまりのよい単回帰式である直線（回帰直線）を書き入れたものが図表 2-14 である。

図表 2-14　平均気温とアイスの平均消費額（24 カ月分：1 世帯当り）

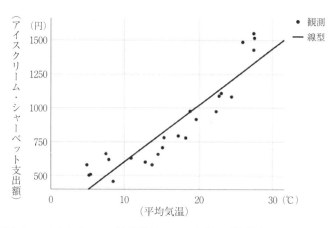

（出所）気象庁データおよび e-stat（家計調査）データを使用し筆者作成。

SPSSを使用した分析結果の表をもとに単回帰分析のあてはまりの度合いや変数の影響力をみてみよう（図表2-15参照）。

まず、R（相関係数）の2乗値（0から1までの数値）が0.849となっている。R2乗値が高いほど回帰直線のあてはまりが良いことを示す。一般にR2 ≧ 0.5あれば良いといわれるが、専門分野や調査対象等により違いがあり絶対的な基準があるわけではない。

分散分析のp値 < 0.05であるため5%水準で回帰式は有意である。なお、非標準化係数より、Y = 41.653 X + 187.385という回帰式が導かれ、係数の有意確率p = 0.000 < 0.05であるため回帰式が有意であることがわかる。この式は、温度が1度上がるごとにアイスの消費額が41.653円上昇することを意味している。以上より、仮説は証明されたといえる。

図表2-15　回帰分析結果

R	R2乗	調整済みR2乗	分散分析p
.922	.849	.842	.001

	非標準化係数	標準化係数 β	t値	有意確率p
（定数）	187.385		2.770	.011
平均気温（X）	41.653	.922	11.134	.000

従属変数：アイス消費額（Y）

7-2 重回帰分析

説明変数が2個以上ある場合は、重回帰分析という。

例として「（Y：目的変数）仕事の満足度」が、「（X 1）仕事が楽しい」「（X 2）人間関係が良い」「（X 3）給料に満足」の3つ（説明変数）で説明されるとした場合、どれが最も影響する要因なのかを、アンケートデータを使用した重回帰分析により明らかにすることができる。その際、各質問への回答はリッカート尺度「1．全くそう思わない」～「5．強くそう思う」の5件法を使用

する。また、重回帰式は以下になる。

$$Y（仕事の満足度）= aX1 + bX2 + cX3$$

　回収した 102 人の有効回答票を使用し、重回帰分析を実施した結果が図表 2-16 である。決定係数（R2 乗）は 0.696 であり、回帰式のあてはまりは良い。説明変数 3 つの中で、「給料に満足」の p 値が 0.084 となっており 0.05 より大きい値である。そのため 5％水準ではこの変数は満足度に影響を与える有意な要因ではないことになる。

図表 2-16　回帰分析結果

R	R2 乗	調整済み R 2 乗	分散分析 p
.834	.696	.682	.000

	非標準化係数	標準化係数 β	t 値	有意確率 p	VIF
（定数）	0.444		1.973	0.051	
仕事が楽しい	0.321	0.358	3.823	0.000	2.832
人間関係良好	0.443	0.473	5.086	0.000	2.792
給料に満足	0.112	0.105	1.743	0.084	1.163

従属変数：仕事に満足（Y）

　残り 2 つの要因（X 1，X 2）は p 値 = 0.000 であるため有効な説明変数となる。各係数をみると「仕事が楽しい」（0.321）よりも「人間関係が良好」（0.443）の方が高い値となっており、標準化係数でも同様である。人間関係が良好であること（1 ポイントの上昇）が、仕事の満足度を 0.443 ポイント上昇させる効果があることを意味している。また、「仕事が楽しい」と感じる社員を増やすことも、仕事の満足度を会社全体として高めるためには不可欠である

ことを示している。職場の人間関係を良好に保ち、社員の多くが仕事を楽しいと感じられるよう様々な施策、制度を導入したり研修を行うことの重要性を本結果から提言することが可能であろう。

　なお、最後にVIFが10未満であることを確認し「多重共線性の問題はない」と付記し、全変数の相関表を掲載するとよい。これは、重回帰分析では説明変数間に強い相関がある（これを「多重共線性」があるという）ことを避ける必要があり、その指標ともなるVIFが10未満であることを示しておくためである。

■ 8　アンケートの自由回答欄の分析－テキスト・マイニング

　自由回答欄は文字データ（テキストデータ）であるため、どうまとめるべきか、思い悩む場合が多い。そうした時に便利なのが、データ・マイニングの中でも文字情報を定量的に分析するテキスト・マイニングである。大量の文章をフレーズや単語ごとに分けて出現頻度や前後の言葉との相関関係などを分析し、全体の特徴を図で表現することができるため、ネット上の口コミや議事録の内容など膨大な情報を要約するためにも使用される。

　テキスト・マイニングツールやソフトが数十種類登場しているが、多くの学術論文で使用されている「KH Coder」（立命館大学教授樋口耕一氏が開発）と、㈱ユーザーローカルが開発した「AIテキスト・マイニング」が代表的な分析ツールである（いずれも無料）。以下、アウトプット事例をもとに結果をどうみれば良いか、解説する。

　図表2-17はワードクラウド（Word Cloud）と呼ばれる図である。文章中の語句を調べ、多く出現する語句は大きく表現し雲のような図を描くため、言葉の雲＝ワードクラウドと呼ばれる。この図は通販トラブルの内容と注意点が書かれたパンフレットを分析したものであるが、トラブル内容として偽ブランド品や模造品が送られてくること、注意点としてサイト上のなりすまし業者、粗雑な日本語表現、個人情報流出の懸念などが強調されていることが理解される。

　テキスト・マイニングツールでは共起ネットワーク図が出てくるため語句の間の関連性を調べることが可能である。

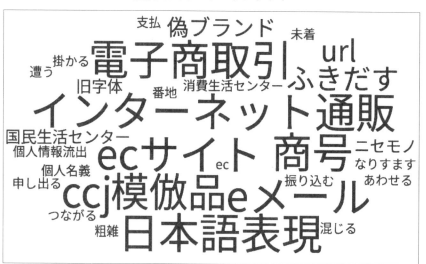

（注）消費者庁「インターネット通販トラブル」（https://www.caa.go.jp/policies/policy/consumer_policy/caution/internet/trouble/internet.html）のテキスト内容を使用しマイニング。
（出所）ユーザーローカル テキストマイニングツール（https://wordcloud.userlocal.jp/）を使用し筆者作成。

　図表 2-18 は、ある市の産業振興政策の今後の進め方・考え方についてアンケートを実施し、自由回答で答えてもらった文章をもとに作成した共起ネットワーク図である。円の大きさは出現数に比例しており、大きいほど多く使用された語句であり、円と円を結ぶ線は文中の前後によく出てくる語句の結びつきの強弱を表している。なお、線が太いほど関連性が高いことを示している。この図から以下の 4 点が、今後の産業振興に必要な政策であることが示された（さがみはら都市未来研究所, 2020）。
　①「地域経済」を「支える」「中小企業」を「支援」すること
　②「働きやすい」、「働き続ける」「環境」整備を「促進」すること
　③「人材」「支援」の「取組」を「強化」すること
　④「新た」な「雇用」を「創出」すること

図表 2-18　自由回答により作成された共起ネットワーク図

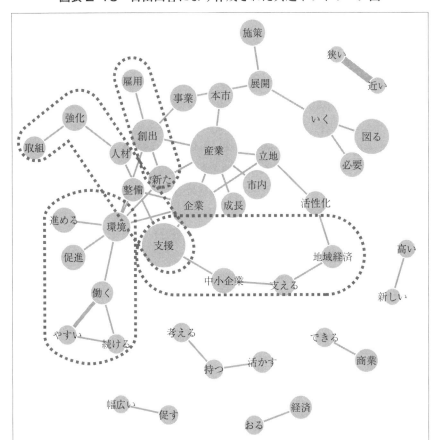

（注）他の自治体へのアンケート調査（有効回答43票）において、産業振興策における今後の進め方・考え方に関する自由回答欄の文章をテキスト分析し作成したもの。点線は筆者による加筆。
（出所）さがみはら都市未来研究所（2020）『相模原市における産業実態に関する調査研究』。

<主要参考文献>

Carifio, J.,& Perla, R. (2007). Ten Common Misunderstandings, Misconceptions, Persistent Myths and Urban Legends about Likert Scales and Likert Response Formats and Their Antidotes. *Journal of Social Sciences*, 3(3), 106–116.

Carifio, J.,& Perla, R. (2008). Resolving the 50‐year Debate Around using and Misusing Likert Scales. *Medical education*, 42(12), 1150-1152.

Clare,C.,&Loucopoulos,P.(1987). *Business Information Systems*, Paradigm, London.

井上信次（2015）「項目反応理論に基づく順序尺度の等間隔性――質問紙調査の回答選択肢（3～5件法）の等間隔性と回答のしやすさ――」『川崎医療福祉学会誌』, 25(1), 23-35。

Kock,N.,&Gaskins,L.(2016).Simpson's Paradox,Moderation, and the Emergence of Quadratic Relationships in Path Models: An Information Systems Illustration. *International Journal of Applied Nonlinear Science*, 2(3), 200-234.

小塩真司（2015）「心理データ解析」, https://www.f.waseda.jp/oshio.at/edu/data_b/02_folder/da02_01.html.

McLeod, S.(2019). What's the Difference between Qualitative and Quantitative Research?. https://www.simplypsychology.org/qualitative-quantitative.html（2023.11.8 アクセス）.

さがみはら都市未来研究所（2020）『相模原市における産業実態に関する調査研究』。

消費者庁「インターネット通販トラブル」, https://www.caa.go.jp/policies/policy/consumer_policy/caution/internet/trouble/internet.html（2023.11.20 アクセス）.

総務省統計局（2021）「なるほど統計学園」, https://www.stat.go.jp/naruhodo/11_tokusei/kentei.html（2023.12.1 アクセス）.

東京大学教養学部統計学教室（1991）『統計学入門（基礎統計学Ⅰ）』、東京大学出版会。

第3章 経営・マーケティング戦略に活かすデータ分析

はじめに

　スーパーやコンビニなどの小売店には、日々様々な顧客が来店する。また、毎日多くの種類の商品を扱う中でよく売れる商品・売れない商品がでてくるが、日々の仕入れや販売に忙しく従事していると商品管理も疎かになってしまいがちである。そこで商品戦略上、売れ筋・死に筋商品の発見に有用な分析方法である ABC 分析について解説する。

　次に、購入頻度や購入額などから来店客の特性（優良顧客か否か等）がわかる RFM 分析について、簡単な事例を通して概説する。

　加えて、商品に関するビッグデータを活用すると A 商品購入者が B 商品を購入する確率がわかるので、その分析方法（アソシエーション分析）を知ることにより、併せ買い商品の組み合わせが発見できるようになる。

　さらに、自社や自店に来客する顧客を対象にアンケートを実施することで現状の満足度（CS）を知るだけでなく、個別（機能や要素、店舗イメージ、味など）の満足度のどれが総合満足度に影響する要因なのかを明らかにすることができる。

　最後に近年よく使用される決定木分析について解説している。どの年齢層、どこに住んでいるかなど細かくブレイクダウンしながらどの消費者層が新商品に関心をもっているのかがわかる分析方法である。以下において、各々の分析方法と結果の解釈の仕方を説明する。

1 売れ筋・死に筋商品を見つけて商品戦略に活かす ABC 分析

ABC 分析とは、企業（店舗、工場等）が商品データや顧客データなどを分類し、重要度や優先順位に応じた３つのグループに分ける手法のことである。例えば、取り扱い商品の種類を絞り込みたい、顧客を絞り込みたい、在庫管理をすべき商品とそうでない商品を区分けしたいといった時に役立つ。

もともと、イタリアの経済学者ビルフレッド・パレート（Vilfredo Pareto）が提唱した「パレートの法則」（「イタリアの人口の 20% が国土の 80% を所有している」ことを発見した）に由来する。これは経験則に過ぎないが、その後様々な分野でも同様の傾向がみられることが明らかにされたため、この法則を商品販売にも応用し「売上の 80% は商品の 20% で占められる（80 対 20 の法則）」として ABC 分析に活用されるようになった。

ただ、ABC 分析は厳密に 80 対 20 というわけではなく、「少数の上位商品が売上の大部分を占める」という考え方にもとづき、重点を置くべき商品とそうでない商品を分類するために用いられる。

図表 3-1 は、10 種類の商品を扱うある弁当屋の１週間当たりの商品別売上高と同売上割合ならびに累積割合を算出し、売上高順に並べたものである。

図表 3-1　ある弁当屋のＡＢＣ分析

商品	売上高(千円)	売上割合	累積割合	分類
弁当	1,000	50.0%	50.0%	A
おにぎり	600	30.0%	80.0%	A
コーヒー	120	6.0%	86.0%	B
みそ汁	100	5.0%	91.0%	B
野菜スープ	80	4.0%	95.0%	B
ふりかけ	40	2.0%	97.0%	C
菓子パン	30	1.5%	98.5%	C
大根おろし	16	0.8%	99.3%	C
キムチ	8	0.4%	99.7%	C
塩昆布	6	0.3%	100.0%	C
合計	2,000	100.0%		

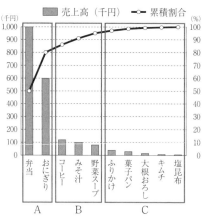

（筆者作成）

Aグループ（弁当、おにぎり）には、概ね売上全体の70〜80％を占める売れ筋商品が表記される。これらは店の売上に大きく貢献する主力商品であるため、在庫が絶対無くならないようにするとともに、材料（具材）の欠品が無いよう仕入れ先との関係を強固にしておく必要がある。

Bグループ（コーヒー、みそ汁、野菜スープ）には、売上全体の概ね10〜20％を占める商品群を記載する。Aグループの次に重要ではあるが、定期発注とともに欠品しそうになった時に発注をする程度の管理でよい商品である。このグループの商品は現状維持ではあるが、上位にある商品は積極的に販売促進活動を行ってAグループに入るように力を入れるべきであろう。

Cグループには、全体の5〜20％を占める商品を列挙する。売上への貢献が小さい商品群であるため、最低限の在庫の確保ができていればよい。人気がなく商品数が最も多いグループであるため、無駄な食品ロスに繋がりやすい。そこで、ほとんど売れていない商品を中心に取り扱いから外すとともに、他の商品と入れ替えることも検討する必要がある。その際、価格を下げることで今まで以上に売れる可能性がある、販売量は少なくとも（災害時、病気の時などに）必要性の高い商品である、などといった点も加味しながら残すか取り替えるべきかを判断すべきである。

2 来店客を分類するための RFM 分析
（Recency Frequency Monetary analysis）

RFM分析とは、Recency（最終購入日）、Frequency（購入頻度）、Monetary（購入金額）の3つの指標を用いて既存顧客を分類する手法である（図表3-2参照）。(1) 最終購入日が最近であるほど、(2) 購入頻度が高いほど、(3) 購入金額が多額であるほど優良な顧客であることを前提にしているため、それら3つの指標を点数化することにより、各々の顧客がどのランクに属するかがわかるのである。

RFM分析を実施することで、その店にとっての「優良顧客」を見つけ出し、それらの顧客に対して今後も継続して来店してもらうための方策を個別に打ち出すことができる。また、購入頻度が低いにもかかわらず、1回当たりの購入

金額が多額である顧客は「準優良顧客」として重視すべきであろう。頻度の低い顧客は各々その理由が異なるため、個別に調べるなどして来店頻度を高める対策を考えることも可能となる。また、これら以外に新規の顧客や一元客（観光のついでなど1度しか来店しない客）を見つけることもできる。

図表3-2　あるアパレルショップのRFM分析指標

R：Recentry 最終購入日		F：Frequency 購入頻度（過去1年）		M：Monetary 購入額（過去1年）	
1	1週間以内	1	1回だけ	1	50万円以上
2	1ヵ月以内	2	年2回	2	10万円以上
3	半年以内	3	年3回	3	1万円以上
4	1年以内	4	年4回	4	1万円未満
5	1年半以内	5	年5回		
6	2年以内	6	2ヵ月に1回		
7	3年以内	7	月に1回		
8	3年以上前	8	週に1回		

図表3-3　RFM分析

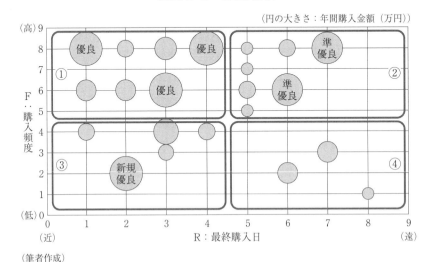

（筆者作成）

図表3-3は、縦軸に購入頻度、横軸に最終購入日の得点を表した分析表であり、各顧客を該当する位置にプロットしたものである。円の大きさは購入金額であり、直径が大きいほど多額の購入者であることを意味する。この分析表を以下のように4つの領域に分けることで、顧客を特性別に分類することができる。

①常連客：購入頻度が高く、最終購入日は最近である顧客。いわゆる常連客であるため店にとって大切な顧客である。一般の顧客より高い割引率を適用するなど、優遇すべき顧客である。特に、この中で金額の多い顧客は優良顧客であるため、個別に限定商品を提供したり、専用の催事を開くなど特別扱いをする。

②離反客：購入頻度が高いが、最終購入日がかなり前である顧客である。何らかの理由で急に来なくなったということであるから、離反客とみなせる。特に年間購入額の多い顧客については、習慣的にボーナス時期などにまとめ買いをする客（＝準優良客）なのか、他店への乗り換え客か、他所に転勤した客なのかなど、来店しなくなってから日数が経った理由を調べることが重要である。

③新規客：来店し購入したのが最近である顧客。購入頻度が低いため、店の近くに引っ越してきた、あるいは他店からの乗り換えなど、大半が新規客と想定される。その中で購入金額の大きい客は新規の優良顧客として、販売促進活動上、重視すべき対象顧客となる。

④一元客：購入頻度が低く、最近購入した形跡がない顧客。一元客ないしはそれに近い客と考えられる。

　上記は4分類に分けたものであるが、例えば縦軸3分類、横軸3分類、合計9分類とするなど、取り扱う商品に応じて細分化することも可能である。

　多くの企業で実施しているネット販売に関しても、上記と同様にRFM分析を行うことができる。

　なお、RFM分析をする際、下記の点に気を付ける必要がある。

1）最終購入日と購入頻度は、業種や取り扱う商品・サービスの内容により異なる。例えば、車を買う時と牛乳を購入する時の最終購入日と購入頻度

を比べると、両者の間にはかなり違いがあることは容易に理解できるであろう。前者の車の場合は、購入回数が一生の間に数回という人が多い。こうした低すぎる頻度で購入される商品・サービスに関してはデータが得にくく比較も困難である。そのため、RFM分析の対象は後者の牛乳のように購入頻度が高い最寄品（消費財など日常的に使用する商品）やサービスを扱う企業が相応しい。

2）4グループを分ける基準値（日数、金額等）を明確にする必要がある。どのくらいの購入金額、購入頻度であれば優良顧客と言えるのか、あるいはどのくらいの日数を超えた場合に顧客が当店を離れたと言えるのか、過去のデータを調べてエビデンスのある基準値を決めておく必要があるが、それが難しい場合は顧客全員の平均値（または中央値）をグループ分けの基準値としてもよい。

3）3つの視点から顧客を分類しているため、それ以外の要素、たとえば購入した商品・サービスは何か、どのような理由で購入したのか、自宅から店舗までの距離が近いか遠いか、といった点が顧客の購入回数や購入頻度、購入金額にも影響を与えることが予想される。

4）店舗販売とネット販売の両方を行っている場合は、店舗のみの購入者、ネットのみの購入者、両方を使用する購入者の3通りの顧客が存在することになる。そこで各顧客を対象に、店舗購入額、ネット購入額、両者の合計購入額の3つを用いたRFM分析を行うことが重要である。顧客の購買行動は多様であり、ネットよりも店舗での購入額を増やす顧客もいれば、その反対に店舗での購入を減らしネットでの購入に重点を移す顧客がいたりする。そうした、店舗とネットの両面から顧客の動きを分析することで、その後の店舗から顧客へのアプローチ策を具体的に考えることが可能となる。

3 購入商品の関連性を見つけ出すアソシエーション分析

アソシエーション分析とは、ビッグデータ（大量のデータ）を分析し項目間の関連性（association）を見つけ出す分析のことであり、データマイニングの

１つである。

　アソシエーション分析の中でも、スーパーやコンビニなどで販売時点のデータ（商品のバーコード記録、レシート、ネット通販の購買データ等）を収集して顧客の買い物カゴ（バスケット）の中に入っている商品どうしの関連性を調べるのがバスケット分析である。レジで打ち出したレシートの内容から、だれが、なにを、いつ、いくらで購入したかがわかるので、毎日蓄積される膨大な買物客のデータを分析して「納豆を買った人のほとんどが同時にネギも買う」といったように、購入されやすい商品の組み合わせを見つけ出すことができる。アメリカのある小売チェーンは、買い物客のバスケット分析を実施した結果、「おむつを買った男性はビールを買う傾向がある」という関連性を見つけ出した。そこで、おむつとビールを同じ売場に置いてみると、一緒に購入する客が急増し店の売上拡大に大きく貢献したという。この原因を顧客への聞き取りなどで調べてみたところ、自宅に赤ちゃんがいる家庭では夫がおむつを買いに行くケースが多く、その際自宅で飲むためのビールもついでに購入していることがわかったのである（Leskovec, et al. 2014;Tan, et al. 2018）。

　本分析は膨大な買物データの中から、以下で説明する（1）支持度、（2）信頼度、（3）リフト度という３つの指標を算出することによって、顧客が併せ買いをする（関連性の高い）商品の組み合わせを見つけ出し、売り場の改善やマーケティング戦略の立案に生かすための手法である。

（1）支持度（Support）

　支持度とは、全ての購入者のうち、商品Ａと商品Ｂを同時に購入した人の割合のことである。算出方法は、商品ＡとＢ（両方）の購入者数／全体の購入者数である。

$$\text{支持度} = \left[\begin{array}{c}\text{商品Ａと商品Ｂを}\\\text{一緒に購入した人数}\end{array}\right] \div \text{全顧客数} \times 100 \text{（％）}$$

図表3-4によれば、「食パン」と「ジャム」の支持度は、4人／8人、つま

図表 3-4　購入者（8人）のレシート内容

レシート番号	（商品A）食パン	（商品B）ジャム	おにぎり	チョコレート	ビール
①	1	1		1	
②			1		1
③			1		
④	1	1			
⑤			1		
⑥	1	1		1	
⑦	1			1	1
⑧	1	1	1		
合計	5	4	5	3	2

（注）空欄＝未購入、1＝購入済。
（出所）筆者作成

り50％となる。来店した全購入客の半数（50％）が食パンとジャムを一緒に購入していることになる。この支持度の値が大きいほど、商品Aと商品Bが併せ買い（同時購入）される確率は高いといえる。

（2）信頼度（Confidence）

　信頼度とは、商品Aを購入した人のうち、同時に商品Bも購入した人の割合のことである。

$$
信頼度 = \left[\begin{array}{c} 商品Aと商品Bを \\ 一緒に購入した人数 \end{array} \right] \div 商品Aの購入者数 \times 100（\%）
$$

図表 3-4 の場合、信頼度 = 4 人 / 5 人 = 80％ となり、食パン購入者の 80％ がジャムも一緒に購入していることを意味する。つまり、食パンを買った人がジャムを同時に買う確率が信頼度であり、この値が高いほど同時購入の可能性が高いといえる。

　＜注意点＞商品 B が特売セールであったり、毎日ほとんどの顧客が買う商品である場合は、信頼度が常に高くなってしまう。そこで、そうした状況においても購買可能性を評価するために、次の「リフト値」を求める必要がある。

（3）リフト値（Lift）

　リフト値とは、全顧客の商品 B の購入率に対する商品 A 購入者の商品 B 購入率の倍率のことである。

$$
リフト値（倍率）＝\left[\begin{array}{l}商品 A 購入者の\\商品 B 購入率\end{array}\right] \div 全顧客の商品 B 購入率
$$

　図表 3-4 のリフト値 =（4 人／5 人）／（4 人／8 人）= 80％／50％ = 1.6 倍となる。

　この倍率の意味を考えてみよう。これは、通常の顧客がジャムを購入する割合が 50％ であるが、それと比べて食パン購入者はその 1.6 倍高い割合（80％）の顧客がジャムを購入することが見込まれる。そうすると、食パンの近くにジャムを置くことで、食パンとともにジャムの売上も上昇することが期待できるのである。

　リフト値についての判断は以下の通りである。

①リフト値＞1 の場合：顧客が商品 A を購入の際、商品 B も併せて購入する確率が高く、セット販売や両者を近くに配置することが有利。

②リフト値≦1 の場合：顧客が商品 A と商品 B を同時に購入する確率は低く、単独購入者の方が多いといえる。

4 顧客満足度からカイゼンに結びつけるＣＳポートフォリオ分析

　顧客が自社（自店）の商品、サービス、施設、価格などに満足しているかどうかを知る代表的な分析方法がCS（顧客満足度：Customer Satisfaction）ポートフォリオ分析である。通常は、アンケートを実施して個別の項目に対する満足度と総合満足度を調査し、各々の平均値ならびに相関係数を算出し図上にプロットすることで、顧客がどの程度満足しているか、改善すべき項目は何か、といった点を明らかにすることができる。

　例として、現在所持しているスマートフォンに関するＣＳポートフォリオ分析の実施手順と内容について概説する。

（1）アンケート調査項目

　アンケート調査項目には、調べたい満足度項目と総合満足度を記載する。ここでは、調べたい個別の満足度として、①価格、②繋がりやすさ、③バッテリーの持ち、④サイズ、⑤操作のしやすさ、の５項目を設定し、最後にスマー

図表 3-5　現在お持ちのスマートフォンに関するアンケート

① 価格
5．満足　　4．やや満足　　3．どちらともいえない　　2．やや不満　　1．不満
② 繋がりやすさ
5．満足　　4．やや満足　　3．どちらともいえない　　2．やや不満　　1．不満
③ バッテリーの持ち
5．満足　　4．やや満足　　3．どちらともいえない　　2．やや不満　　1．不満
④ サイズ
5．満足　　4．やや満足　　3．どちらともいえない　　2．やや不満　　1．不満
⑤ 操作性
5．満足　　4．やや満足　　3．どちらともいえない　　2．やや不満　　1．不満
⑥ 総合的にみて、このスマホに満足していますか。
5．満足　　4．やや満足　　3．どちらともいえない　　2．やや不満　　1．不満

トフォン全体に対する総合満足度についての質問を設定した（図表3-5参照）。満足度の選択肢は「満足」〜「不満」の5段階とし、通常は最もプラスに評価される項目「満足」を5点、最もマイナスに評価される「不満」を1点とするリッカート尺度を使用する。

（2）平均値と相関係数の算出

まず、個別項目（設問①〜⑤）の平均値を算出することで、顧客満足度の高い項目、低い項目が分かる。図表3-6によれば、最も満足度の高い項目は「繋がりやすさ」であり、最も不満を感じている項目は「バッテリーの持ち」であることがわかる。

次に、個別項目（5項目）と総合満足度（設問⑥）との相関係数を算出する。これは、総合満足度に影響する（関連する）度合いを0から1の間の数値で表現したものである。図表3-6によれば、総合満足度に最も影響する要因は「バッテリーの持ち」であり、最も影響度の低い要因は「操作性」であることがわかる。

図表3-6　満足度（平均値）と相関係数

	①価格	②繋がりやすさ	③バッテリーの持ち	④サイズ	⑤操作性
満足度（Y軸）	2.5	4.6	2.4	4.5	3.8
相関係数（X軸）	0.76	0.86	0.90	0.71	0.65

（3）CSポートフォリオの作成

これまで算出した満足度（平均値）をY軸に、総合満足度との相関係数をX軸にとり、4つのマトリックスを作成してその上にプロットする。その際、X軸、Y軸の真ん中の数値には各々の平均値を採用することが多いが、偏差値に換算して50で区分けする場合もある。

こうして図表3-7が作成されるが、4つのマトリックス上のどこに各項目が

図表3-7 CSポートフォリオ分析

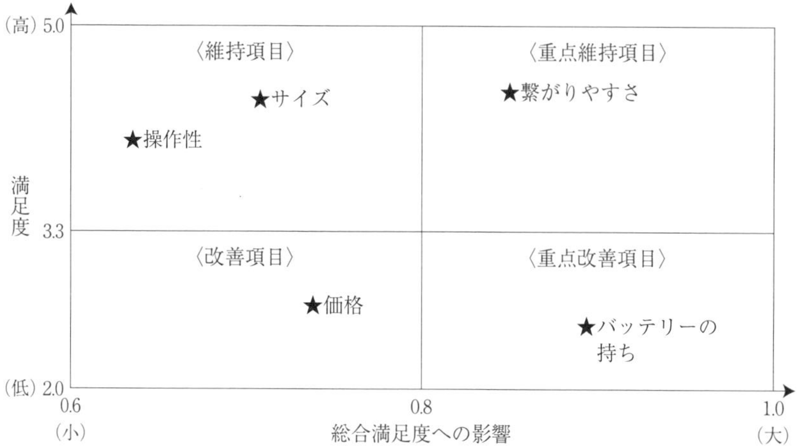

位置しているかにより、改善すべきなのか、あるいは現状を維持していけば良いのかが判別できるため、今後の戦略の重点項目を数値で明らかにすることができる。以下、4つのマトリックス（4象限）について解説しよう。

①第1象限：重点維持項目
　図中の右上部分（第1象限）は、満足度が高く、総合満足度へ影響度も高い領域である。満足度が高く自社の強みとなっている項目なので、満足度を下げないよう今後とも重点的に維持していくべき項目である。

②第2象限：維持項目
　図中の左上部分（第2象限）は、満足度が高いが、総合満足度への影響は小さい領域である。この領域の項目に多額の資金を使っても全体の満足度が高くはならないので、現状維持程度で良い。

③第3象限：改善項目
　図中の左下部分（第3象限）は、満足度が低い上に総合満足度への影響度も小さい領域である。重要性が低い項目ではあるが、低い満足度を高める必要があることから、重点改善項目に次いで改善を図るべき項目であるといえる。

④第4象限：重点改善項目

　図中の右下部分（第4象限）は、満足度が低いにもかかわらず総合満足度
への影響力が大きい領域である。極めて重視しないといけない項目でありな
がら不満を感じている人が多いため、必要な資金を投下しても改善・改良を
優先して行うべき項目である。

5　ターゲット顧客層を絞り込む決定木分析

（Decision Tree Analysis）

　原因と結果の関係がある場合に原因となる変数を説明変数、原因により生じ
た結果を目的変数という。「レストランへ行く」という結果（目的変数）に対
して、その原因（説明変数）は「空腹だから」「商談のため」「友人と会うた
め」など様々である。このような時、目的変数に影響を与える原因として何が
重要かをツリー構造により明らかにするのが決定木分析である。

　決定木分析は様々なソフトがあるのでそれを使用するのが良い。ここでは、
決定木分析結果を見ながら要点を解説する。

図表3-8　決定木による新商品スイーツの購入希望

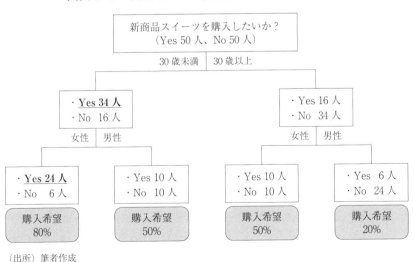

（出所）筆者作成

まず図表 3-8 は、ある食品メーカーが新商品のスイーツを発売するに当たって被験者 100 人に試食してもらい、アンケートに答えてもらったデータにより作成した決定木である。この図からは、新商品スイーツの購入希望者は 50％である、年齢が 30 歳未満では女性（80％）が男性（50％）より高い購入希望を持っていることが明らかとなった。一方、30 歳以上の男性は購入希望が20％と低いことも理解できる結果となっている。

次に、国の機関が家計消費の個票データを使用して、ネットショッピングを利用するのはどのような属性の人なのかを調べるために作成した決定木（図表3-9）をみてみよう。

まず、ネットショッピングを利用しているのは、2 人以上の世帯の 32.8％であるが、この中でも世帯主が高齢者（65 歳以上）だと 19％と低い利用率となる。一方、世帯主が 65 歳未満であれば、47.1％と高い利用率となることが分かる。

年齢の次に重要なのは世帯収入であり、高齢者世帯で年収 400 万円が分岐点となりそれより低いと利用率が低く、高いと利用率も高くなる。65 歳未満で世帯の年収が 500 万円以上だと 53.8％と高い利用率となり、500 万円未満だと35.1％と低くなる。

図表 3-9　ネットショッピングを利用する人の特徴分類

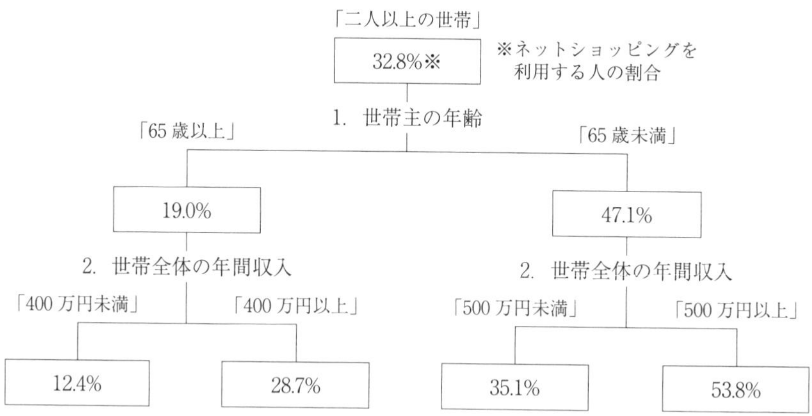

（出所）内閣府（2018）『経済財政白書〈平成 30 年版〉「白書」：今、Society5.0 の経済へ』日経印刷。

この決定木から、年齢と世帯収入はネットショッピング利用率（目的変数）に大きな影響を与える要因（説明変数）であることが示されると共に、年齢が若いほど、そして世帯年収が高いほどネットショッピングの利用率が高くなることが明らかとなった。

＜主要参考文献＞

Bhatnagar,A.(2010). *Textbook of Supply Chain Management*. World Press Private Ltd.

Diez, D., Cetinkaya-Rundel, M., & Barr, C. (2019). OpenIntro Statistics. (Fourth Edition ed.) OpenIntro, Inc.（国友直人・小暮厚之・吉田靖訳（2021）『データ分析のための統計学入門（原著第4版）』日本統計協会。）

北海道大学（2016）「北海道大学オープンコースウェア：決定木の学習」（PDF）. https://ocw.hokudai.ac.jp/wp-content/uploads/2016/01/Intelligent InformationProcessing-2005-Note-11.pdf（2023.9.30 アクセス）.

生田目崇（2017）『マーケティングのための統計分析』オーム社。

Leskovec,J.,Rajaraman,A.,&Ullman,J.(2014). *Mining of Massive Datasets*. Cambridge:Cambridge University Press.

内閣府（2018）『経済財政白書〈平成30年版〉「白書」：今、Society5.0の経済へ』日経印刷。

Pareto,V.(1896). *Cours d'Economie Politique*. Lausanne, F. Rouge; Paris, Pichon; Leipzig,Dunker&Humblot (1896–1897) (2 vol.).

Singh,H.(2009). *Retail Management*. S.Chand Limited.

総務省統計局「なるほど統計学園」, https://www.stat.go.jp/naruhodo/index.html（2023.9.30 アクセス）

Tan,P.N.,Steinbach,M.,Karpatne,A.,& Kumar,V.(2018). *Introduction to Data Mining(Second Edition)*. Pearson.

東京大学教養学学部統計学教室（1991）『統計学入門（基礎統計学Ⅰ）』東京大学出版会。

第4章 ビッグデータと企業経営

——第4次産業革命、IoT、人工知能、ロボット、メタバース

はじめに——第4次産業革命とビッグデータ

　近年のロボット、人工知能、メタバース、情報技術などの急速な発展を「第4次産業革命」ととらえる考え方もある。すなわち、第1次産業革命が、蒸気機関の発明と発展、第2次産業革命が電気、内燃機関の発明と発展、第3次産業革命が、コンピューター、情報、インターネットの発明と発展、第4次産業革命が、ロボット、人工知能、メタバース、ビッグデータ、IoT などの急速な発展であるととらえる考え方である。

　なお、現在を第5次社会（Society 5・0）と位置付ける理論もある。この理論では、第1次社会が狩猟社会、第2次社会が農耕社会、第3次社会が工業社会、第4次社会が情報社会、第5次社会がデータ駆動型社会、であるとする。第5次社会は、ロボット、IoT、人工知能、ビッグデータ、などが急速に発展する社会である。この第5次社会（Society 5・0）の考え方は、第4次産業革命とほぼ同じ概念であろう。

　いずれにしても、現在は、人類の歴史の中で新しい産業革命に匹敵する、大変革期であることは明らかであろう。

　本章では、このような新しい産業革命・社会の中心的である、ビッグデータ、人工知能、ロボット、IoT、メタバースなどについて考察してみよう。

1　ビッグデータとは何か

　ビッグデータとは、今までとは桁違いな情報量を持つ多様な種類のデータである。そして、ビッグデータを瞬時に取得し処理するハード技術やソフト技術

の革新的な発展がある。ビッグデータの主要な特徴として、以下がある。

第1は、コンピューターや通信ネットワークなどのハード技術の急速な発展である。

コンピューターの性能を決めるとされる半導体技術の発達に関して、有名な仮説に「ムーアの法則」がある。ムーアの法則とは、インテル創業者の一人であるゴードン・ムーアが、1965年に唱えた「半導体の集積率は18ヵ月で2倍になる」という仮説である。半導体の集積率とは、同じ面積の半導体ウェハー上に、トランジスタ素子を構成できる数である。この法則は、半導体の微細化技術により、半導体の最小単位であるトランジスタを作れる数が、同じ面積で18ヵ月ごとに2倍になるということである。この法則では、面積当たりのトランジスタ数が、時間の経過とともに指数関数的に増えていくことになる。

ムーアの法則の技術的意味は、性能面と価格面の2つがある。ムーアの法則で、「集積率が上がること」は、「性能が上がること」とほぼ同じである、そのため、半導体の性能、たとえばCPUの性能は18ヵ月ごとに2倍になる。

ムーアの法則では、性能同様に18ヵ月で半導体のコストも半分になる。トランジスタ1個の性能が同じとすると、18ヵ月後には、同じ面積で2倍の半導体が作れる。つまり、同じコストで、2倍の半導体素子が作れることになる。そのため、求める機能・性能が同じ場合はコストが半分、すなわち、同じ性能のCPUが半額になる。

このムーアの法則は、現在までほぼ同じような形で、コンピューターのハード技術が発達している。しかし、今後は、技術的限界により、ムーアの法則のように発展できるかについては疑問であるという考え方も出てきている。

第2は、デジタル化による、桁違いに膨大なデータ量である。データ量は、コンピューター、インターネット、人工知能、IoT、バーチャルリアリティー（仮想現実）、情報化などの世界的な発展により近年激増している。まさに、ビッグデータ社会の到来である。

たとえば、以前に使われていた記録媒体であるフロッピーディスクの容量は、1メガバイト程度であった。だが、現在よく使われている記録媒体であるUSBの容量は、その3万倍以上の32ギガバイト、あるいはそれ以上の容量であるある（1メガは100万、1ギガは10億）。このように、コンピューターの

記憶容量は急速に増加している。

　EC（電子商取引）、小売、クラウド、サービスなどの企業では、近年、膨大なデータが入り、取引もしている。たとえば、Amazonは、アメリカ企業であるが、世界中で電子商取引を行っており、顧客データを含めて、膨大なデータが日々入ってきている。コンビニのセブンイレブンでは、POSによる会計処理を行っており、会計バーコード入力時に顧客の性別や年齢層も入力している。このような購入製品や顧客データなどのビッグデータから、最適な発注や運営を行っている。

　近年、発展途上国や新興国でも多くの人がスマートフォンを持ち、通信している。世界中の人が、スマートフォンやコンピューターを使って通信し、情報を発信し、データ量の指数関数的な激増となっている。

　人間の処理能力をはるかに超える量のデータが地球上を覆い始めたという状況であり、未来はさらに増加すると予想される。

　第3は、文字・数字・画像・動画・音声・計測・統計・SNS・インターネットなど多様な種類のデータが存在することである。ビッグデータでは、量だけでなく、質・内容・形式が極めて多様である。ビッグデータの分析では、多様な種類のデータを別々に扱うのではなく、有機的に相異なるデータ同士を互いに関連させ、解析するのである。

　第4は、大規模なビッグデータを取得し処理するための、革新的なハード技術やソフト技術の発展である。たとえば、交通データ、気象データ、防犯カメラデータ、販売データ、マーケティングデータ、スマホから発信される位置情報・発信・着信・X（旧ツイッター）などのデータが、リアルタイムで膨大なデータを扱えるようになった。

　特に、近年スペックが驚異的に進歩してスマートフォンは、様々なデータが自動発信される可能性がある。スマートフォンは、かつてのコンピューター並みの性能を持っており、さらにマイク、カメラ、映像、GPS（全地球測位システム）、などの機能を備えている。スマホでX（旧ツイッター）などを発信すると、スマホの使用者がいつ、どこに居るのか、周囲の状況はどうなのか、などが自動的に発信される可能性がある。そのようなツイートデータは、ビッグデータともなる。

第5は、ビッグデータを処理・分析するサービス、クラウド・コンピューティングの急速な発達である。個々のユーザーは、自前のコンピューターで難しい処理をするのではなく、クラウドサービス業者にデータ処理を委託する。処理を請け負うクラウドサービス業者（日本では「NTTデータ」などが代表的企業）は、インターネット高速分散処理を行い、ユーザーの要求に応えてくれる。ビッグデータは、近年のIT革新がもたらした成果である。

　激増するソーシャルデータなど、ビッグデータ時代の主役は、ともかく「データ」である。ここが、20世紀のITとの大きな違い、「第4次産業革命」といわれるゆえんである。

2　モノのネットワーク——IoT

　モノのインターネット（Internet of Things：IoT）とは、様々なモノ（物）同志がインターネットで結ばれ、インターネットで制御・監視・モニター・管理することができるネットワークである。

　たとえば、人がつけるメガネの中に、マイクやカメラなどを組み込ませておけば、周囲の状況を自動的にネットに送信して、友人や家族に知らせることもできる。また、体温、心電図、脈拍、血圧などの体に付着したセンサーを組み込むと、健康状態をモニタリングすることも可能である。このようなウェアラブル（着脱可能）なコンピューターのアプリケーションは、将来、最も注目されているものである。人間につけたモノが、センサーを介して直接ネットとつながる。モノとモノを結び、交信させるモノのネットワーク、IoTである。

　家庭用電化製品でもIoTが脚光を浴びている。エアコン、テレビ、冷蔵庫、室内モニター、風呂など、組み込まれたプロセッサのシステムに各種のセンサーをつないだモノのネットワーク、IoTである。

　また、ガス、水道、電力、道路、鉄道、バス、トラック、航空機など、社会的なインフラにおいても、膨大な組み込みプロセッサとセンサーが使われて、モノのネットワーク、IoTを構成してきている。

　さらに、企業での製造、流通、物流、部品などでは、ICタグ（電子荷札）のセンサーを活用した自動化、IoT化が行われるようになった。

IoT は、国内のみではなく、海外ともインターネットで繋がっており、日本で海外の機械のモニターもできる。たとえば、コマツは、海外にあるトラクターなどの建機の状況や故障を IoT 化し、日本の本社でモニターして、アフターサービスに利用している。

モノのネットワークは、インターネットにグローバルな形で統合的に結ばれる。地球上の無数のモノに付加されたセンサーからのデータが収集され、世界中のサーバで分散処理されている。そうなるとデータの量は、まさに天文学的である。人間や社会をとりまく機器中の組み込みプロセッサとセンサーとなると、その総数は軽く兆を超えるだろう。そこから時々刻々ストリーム・データが入ってくる。これは、まさにビッグデータである。

3 第4次産業革命での「スマート工場」の出現

これまでの工場は、多くの労働者が生産ラインに従事し、比較的単純作業で規格品を大量生産していく形態であった。そこでは、大規模な工場・生産拠点が規模の利益を発揮するという形であった。

第4次産業革命でのスマート工場の技術的な核心は、モノのネットワーク、IoT である。さらに、ロボット、人工知能、情報技術などの急速な発展である。部品と工業製品を作る製作機械が、IC タグのセンサーを介してインターネットに繋がっている。工場内外の部品の調達や配送など、物流も自動化される。コンピューターが、生産ラインを流れる半製品のデータと繋がり、必要な部品を調達し、設計仕様に基づいて部品を組み立てる。組み立て作業をするのは、人間ではなく、ロボットが中心である。ロボットに出来ないものだけ、人間が行う。

スマート工場では、製品が規格品ばかりではなく、多品種少量生産のカスタムメイド製品も容易に製造できる。

第4次産業革命以後の工場は、データ処理を行うコンピューターとロボットが主役である。その工場では、労働者がほとんどいなくても作業ができる。だが、労働の質が変わってくるだけで、製造業に多くの人間が必要なことは確かである。現場の単純作業は不要になっても、部品と調達先の選定、部品仕様、

製品設計、デザイン、工程管理、ロボット保守の仕事がある。さらに、データを扱うコンピューターのハード・ソフトの開発がある。第4次産業革命で工場といっても、完全な自動化というのも難しいこともある。自動化のコストがあまりに高く、導入できないためである。また、どうしても人間の手でしかできない工程や製品がある。いずれにせよ、高度な製品を作るスマート工場においては、人間の高度な知的労働が多く必要とされるのである。

第4次産業革命でのスマート工場は、単一の生産拠点への集中から、国内外で生産拠点の分散化という戦略も行うことができる。ロボット、人工知能、情報技術などの急速な発展により、大規模な工場・生産拠点が規模の利益、規模の経済を発揮するという従来の概念が変化し、複数の中規模・小規模な工場・生産拠点においても十分生産性を維持できるように変化（多品種少量生産にも対応）するのである。

4 人工知能とは何か

人工知能（AI：Artificial Intelligence）とは、人間とほぼ同様に行うことができる、人間のような知能を実現しようとするコンピューターである。レイ・カーツワイツは、2045年、人工知能が人類の知性を上回り、ついに人工知能という形で生命を超越するという「シンギュラリティ（Singularity）」に到達すると予言して世界的に話題となった。カーツワイツに代表されるような、人工知能は人間を超え、人間は人工知能に支配される、という考え方も一部にはある。しかし、このような考え方を否定する議論は、人工知能の科学的研究者に多い。

人工知能とビッグデータとは、ほとんど一体の情報技術となっている。人工知能は、学習機能、すなわち機械学習でビッグデータなどを活用する。機械学習（ディープラーニング）とは、コンピューターがデータやビッグデータから、学習することである。

たとえば、工場の機械や部品につけたセンサーからの大量のデータを、人工知能を持つコンピューターが分析して、一般製品やカスタムメイド製品などを効率的に製造する。また、人工知能を用いた機械翻訳がある。外国語を翻訳す

る機械翻訳は、用例をたくさん集め、統計処理して使用頻度や共起関係、つまり相関の高さなどの機械学習をしてから翻訳語を決める。さらに、手書き文字、画像、顔、音声、製品・商品などのパターン認識もある。すなわち、言語、画像や音声などを認識する人工知能のシステムは、白紙の状態からスタートして、まず大量の訓練データを基に学習を行い、データ相互の相関関係などから機械翻訳（文字翻訳や通訳）やパターン認識などを行うのである。

第4次産業革命では、人工知能により、人間の意思決定の一部がコンピューターやロボットなどの機械に移行する。人工知能は、人間より速く、より優れた選択を下す可能性がある。

5 人工知能やロボットは人間の仕事を奪うか

人工知能やロボットの発展は、プラス面もあるが、マイナス面もある。人工知能やロボットの発展で懸念されるのは、人間の仕事を、ビッグデータ型人工知能やロボットが奪って、失業してしまうのではないか、という問題である。社会のあらゆる人々が、将来の人工知能やロボット化の進展に大きな不安を感じ始めている。人間が失う仕事と同じ以上に、新たな仕事を生み出さない限り、失業が社会および人間にもたらす苦悩は増すであろう。さらに、労働者は、現在の仕事からまったく新しい仕事に職種転換することは容易でない。労働者は現在までの熟練や経験を生かせないため、新しい仕事をこなすための再教育が必要なためである。中高年労働者は、特にこれが難しい。

しかし、将来、労働者のかなりが、人工知能やロボットによって代替され、職を失うだろう。事務職、ホワイトカラー、単純工、工場労働者、さらに専門職、知識労働者、管理職、技能工、熟練工などでも、人工知能やロボットに代替される可能性がある。

特に問題なのは、人工知能が知識労働者の領域にまで及んでいくことである。知識労働とは、肉体よりも頭脳を使い、重要な意思決定を伴う仕事である。高度な知識や経験を必要としない仕事が、機械に取って代わられる中で、知識労働は人間が優位性を保ってきた領域である。しかし、将来、知識労働者の仕事の多くが、人工知能やロボットに代替される可能性がある。

それでは、どうやって労働者は、人工知能やロボットに対抗していくのか。減っていくポジションをめぐり、どのように競い合っていくのか。このような課題を、違う視点からとらえることもできる。ゼロサムゲームとして仕事をみるのではなく、雇用の新たな可能性が増すという視点である。人工知能やロボットを、「拡張の機会」という枠組みでとらえ直すことである。

　人間にしかできない仕事、高度の意思決定、コンピューター・人工知能・ロボット等の開発や保守維持の仕事、などが増え、それらの雇用は増えていく。つまり、人工知能によって仕事の質が変わり、仕事の質の変化に適応する人や人工知能に関連する仕事をする人は、生き残ることができる。人工知能やロボットなどの優れた思考機械は、人間の仕事をサポートし、より良い仕事を達成することができるだろう。

　将来・未来、どのような職種の労働者、ホワイトカラー、管理者でも、人間の仕事のやり方が変わっていく。すなわち、近未来の労働者や管理者は、より高度な意思決定や課題、構造化や体系化できないなどの「人間にしかできない仕事」が求められる。人間の方が優れているのは、高度な想像力、問題解決、感情、感覚、科学的発見、対人コミュニケーション、育成、コーチング、意欲喚起、統率、などの面である。コンピューターに出来るような仕事は人工知能やロボットが受け持つようになるであろう。

　人工知能は、人間には不可能な大量データの高速処理によって、人間の判断を助け、人間の知能を増大させる、つまり人間のパートナー・協力者・知識拡大としての役割を担うことになる。

　近未来のホワイトカラーや労働者は、人工知能を使いこなす能力・技術・技能が求められる。人間とコンピューターの間で、仕事の切り分けと分担、協働が発生するであろう。

▨ 6　人工知能は人間の意思決定の質とスピードを上げる

　人工知能は、企業における経営者・従業員の意思決定の質とスピードを上げることができるかもしれない。これは従業員レベルでも管理者・経営者レベルでも起こりえる。

従業員レベルでは、日常の仕事のオペレーションの判断においてその多くを人工知能などに任せることができるようになり、従業員はより難しい問題に集中できるようになる。

　管理者・経営者レベルでは、情報が生々しく可視化されてくるため、意思決定の質があがる可能性がある。基本となる経営情報や経営分析の多くは自動化されていくため、リアルタイムに情報が可視化され、より精度の高い意思決定に繋がる。

　このように、人工知能、特に、最近開発され、急激に普及してきている生成AIは、有効に利用すれば、大いに人間の助けとなる。生成AIのオープンAIは、マイクロソフト、グーグル、メタ、アマゾンなどのアメリカ巨大テック企業を中心として開発競争が激しくなっている。

　ただし、人工知能は、過去や現在のビッグデータを学習したことを基盤とした機械である。そのため、人工知能は、将来・未来、経営環境が激変した場合やイノベーティブな革新的・革命的な技術が開発された場合などでは、正確な予測ができないこともあることを十分注意しなければならない。

7　メタバース

　メタバース（Metaverse）とは、3次元の画像でバーチャルリアリティー（VR：仮想現実）を構築した、主としてインターネット上の仮想空間である。メタバースという用語は、「超越する」という意味の「メタ（Meta）」と、「世界」という意味の「ユニバース（Universe）」を組み合わせた造語である。メタバースにより、様々な人の交流や取引・販売などの経済活動ができる。このような、メタバースによるバーチャルリアリティーは、近年急速に技術開発が進み、普及してきている。将来の情報技術として、最も発展が期待されている分野である。

　メタバースは、ゲーム、SNS、エンターテインメント（ライブ、スポーツ、演劇、映画等）などのほかに、企業の取引・販売、リモートワーク・会議、マーケティング、生産、医療、教育、警備などにも活用されるであろう。企業・事業経営では、小売、製造、金融、病院、介護、不動産、建設、観光、広

告、IT・通信、教育などの広範囲の業界でメタバースの導入が期待されている。

　たとえば、メタバースを使うことで、発展途上国の病院での外科手術におい
で、先進国の病院の最先端の技術を持つ熟練した外科医が、発展途上国の未熟
練の外科医を助けることができる。また、教育では、メタバースを使い、外国
語学習などで効果的な対話型教育をグローバルに行うことができる。

　メタバースには、1社単独で構築するクローズ・メタバース、および複数の
企業サービス間で相互運用性があるオープン・メタバースがある。将来の方向
性としては、オープン・メタバースが強くなると思われる。この領域での、日
本企業の発展が期待される。

　将来・未来は、VRゴーグルを着けてみるのではなく、本当の3次元空間で
の映像、すなわち本物が実在しているような空間の創造ができる可能性がある
（現在、レーザー光線を使ったバーチャルリアリティーの3次元映像がある）。
そのようになれば、リモートワーク、生産、医療、観光、などで、現実が3次
元の本物に近いバーチャルリアリティーで再現できる。本物がいるかのような
バーチャルリアリティー、実在するかのような3次元空間でのバーチャルリア
リティーの実現は、無限の発展の可能性がある。バーチャルリアリティーで、
国内旅行や海外旅行ができる時代となるかもしれない。

おわりに——ビッグデータ、人工知能、ロボット、IoT、メタバース、な どの第4次産業革命の課題

　ビッグデータ、人工知能、ロボット、IoT、メタバース、などの第4次産業
革命は、人類や企業にいかなる利点とリスクをもたらすのか。将来・未来の情
報社会の課題について考察してみよう。

　第1は、プライバシー、セキュリティなどの諸問題である。現在でも、ハッ
カー、サイバー攻撃、偽メール、個人情報の流出、など問題が噴出している。
インフラ関連のデータセンターは、トラブルがあると社会に大規模に影響する。
データセンターの分散化やセキュリティ対策の強化が必要であろう。また、企
業や個人のサイバーセキュリティも、将来の大きな課題である。さらに、ビッ
グデータと人間のプライバシー、個人情報保護も課題となろう。このような問

題に対応するため、世界的に、各国や国際機関などで「人工知能の安全保障」の動きも広がっている。

　第2は、人間が、人工知能やロボットの歯車に転落していく危惧である。すなわち、人間は、過去のデータに縛られ、定型的行動しかできず、未来を切り拓く自由な生命力を失ってしまう。人工知能は、本質的に過去や現在のビッグデータをもとに機械学習する機械である。すなわち、過去や現在のデータにより判断していることになる。その意味で、人工知能は、革新的な意思決定はできない。人工知能では、イノベーションは生まれなく、まったく革新的・革命的なことはできないのである。イノベーションを生むのは人間のみであるということを肝に銘じておくべきである。

　第3は、インターネット、ビッグデータなどの情報技術等の急速な発展により、企業戦略が変革してきている。たとえば、アウトソーシング（業務の社外委託）やオフショアリング（業務の海外委託）、などが増えてきている。近年、これらがグローバル化していることに特徴がある。日本企業は、英語があまり使われていないこともあり、そのような海外委託でアメリカ企業に後れを取っており、それが日本企業の国際競争力が低下した1つの要因となっている。アメリカの企業は、インド、ベトナム、フィリピン、南米、などの諸国へアウトソーシングやオフショアリングを積極的に行っている。特に、マイクロソフト、アップル、グーグルなどの巨大アメリカIT企業は、インドなどへソフト開発のオフショアリングを行っていることに競争力の1つの源泉がある。

　第4は、インターネットやメタバースなどのプラットフォームを世界的に早く構築し、支配した企業が一人勝ち、勝者総取りするという、独占・寡占の問題がある。たとえば、グーグル、マイクロソフト、アップル、メタなどの企業である。IT産業は、本質的に、「限界費用ゼロ」の経済であるということもある。限界費用ゼロとは、顧客が増加しても追加の費用はかからないことである。また、ネットの有力なシステムやソフトなどのネットワーク化は、需要サイドで規模の経済を出現させるという「ネットワーク効果」を出現させる。たとえば、フェイスブックに登録して使う人が増えれば、フェイスブックの魅力が増え、さらに登録して使う人が増えるという、ネットワーク効果が生じる。このような一人勝ち、勝者総取りという問題に関して、世界的に議論すべき課題の

1つであろう。

　第5は、人工知能・ロボットと人間との競争である。製造、小売、サービス、金融などの広範囲な業種、ブルーカラー、ホワイトカラー、技能工、熟練工、事務職、知識労働者、専門職、管理職、などの広範囲な職種で、「機械との競争」が将来起こるであろう。特に定型的な仕事の労働者は、より多く影響を受ける。それに対応するためには、機械に従属されないような人間の能力の向上のための「教育」が最も重要であろう。具体的な施策として、労働者への再教育プログラム、配置転換支援、さらに所得支援、なども必要であろう。また、国レベルでの学校教育、職業教育などの施策も必要であろう。

　第6は、グローバリゼーション、海外との競争である。IT、ビッグデータ、メタバース、バーチャルリアリティー、インターネットなどで、外国立地や外国企業の不利がなくなってきている。リスク対応としてのデータセンターの海外立地、海外企業へのアウトソーシングやオフショアリングの活用、発展途上国でのソフト開発、などが進むであろう。海外との通信網の発達、機械翻訳の発展で外国人とのコミュニケーションが容易となっていること、なども背景にある。海外との競争が、外国製品の形であらわれた古いグローバル化と違って、今回のグローバル化の波は、オフショアリング（業務の海外委託）などによりオフィスに遠隔移民の形であらわれる。さらに進むと、外国人労働者の契約社員・期間社員としての日本への導入、外国人労働者の移民、などの日本社会のグローバル化が進展する可能性がある。

　発展途上国の観点からみると、ソフト開発は、コンピューターがあればできるため、工場のような大きな設備がいらない。ソフト開発の人材だけいればできる。今までの経営資源の蓄積や経験もいらない。人材は、学校教育や社内教育などにより高められる。オフショアリングによる、海外企業からの委託もある。IT は、発展途上国でも比較的容易にできる産業である。将来、日本企業は、発展途上国の IT 企業との競争が進むであろう。

　第7は、電子商取引（EC）の世界的発展である。インターネット、ビッグデータ、機械翻訳、バーチャルリアリティー、メタバースなどの情報技術等の急速な発展により、EC はグローバルに発展するであろう。日本企業にとっても、大きなメリットがある。たとえば、日本の中小企業が海外販売へ EC を活

用することで、日本の伝統的商品や中小企業が製造した商品を輸出することができる。また、企業・個人の海外からの輸入も容易になる。

バーチャルリアリティー、メタバースなどの情報技術等の急速な発展は、企業のマーケティングに変革をもたらしている。バーチャルリアリティーを用いた3次元のカタログやネット広告、それを用いた販売・取引などが、小売、デパート、専門店、自動車、ファッション、スポーツ、エンターテインメント、などの分野で活用されてきている。

第8は、リモートワークの進展である。インターネット、ビッグデータ、ZOOM、機械翻訳、バーチャルリアリティー、メタバースなどの情報技術等の急速な発展により、リモートワークがグローバルに進展している。将来、バーチャルリアリティーの技術がさらに進歩すれば、本物の人間と対話できるような感覚のリモートワークとなるであろう。

また、将来、グローバルなリモートワーク、日本人ではなく海外の外国人をリモートワークのために採用することもあるであろう。アメリカ企業では、リモートワークで、外国の人材を正規社員として採用し、グローバルなレベルでリモートワークを行っている。日本企業は、日本語という言葉が壁で、アメリカ企業のようにはいかないであろうが、機械翻訳の進歩もあり、リモートワークのグローバル化は将来より進展するであろう。

しかし、リモートワークの問題点も認識すべきである。リモートワークは、人間関係の希薄化、孤立化、仕事と家庭の区別がない、時間管理が個人の裁量、ストレス、孤独感、精神的な病、場合によっては生産性の低下、という課題が生じている。そのため、リモートワークと出社のバランスが、より重要となるであろう。著者達の研究（中山健・丹野勲（2023））によると、出社とリモートワークの時間配分は、半々程度が望ましいとする意見が多かった。

第9は、将来の人工知能技術として期待されている汎用人工知能（AGI：Artificial General Intelligence）の課題である。汎用AIとは、想定外の状況でも自ら学習し、能力を応用して処理することができる、人間に近い知能を持つ人工知能である。汎用AIは、従来の人工知能よりも汎用性、自律性に富むことが特徴である。プログラムされた特定の状況以外の課題に対しても問題解決を図ることができる。人工知能研究の最終的な目標として、汎用AIの実用化

には高い期待が寄せられている。経営の分野だけでなく、例えば芸術の分野では、優れた絵画・彫刻・デザインなどがコンピューターで描ける人工知能が登場する可能性がある。また、文学の分野では、優れた小説・詩・俳句などが書ける人工知能が登場する可能性がある。汎用 AI は、人間のように想定外の事象も含めて幅広い対象に推論が行える人工知能である。自ら学習して進化する能力を兼ね備えている。汎用 AI については、人類の発展になる側面と、人類へのリスクになる可能性もある。人工知能に人間が支配される、人工知能が人間を超える、などの問題である。汎用 AI のメリットとデメリットを冷静に議論することが、将来の人類に課せられた責務であろう。

（参考文献）

Brynjolfsson,Erik,and Andrew,McAfee,(2011) *Race Against The Machine.*（村井章子訳（2013）『機械との競争』日経 BP マーケティング）。

Brynjolfsson,Erik,and Andrew,McAfee,(2014) *The Second Machine Age.*（村井章子訳（2015）『ザ・セカンド・マシン・エイジ』日経 BP マーケティング）。

Baldwin,Richard,(2019), *The Globotics Upheaval.*（高橋裕子訳（2019）『グロボティクス——グローバル化＋ロボット化がもたらす大変動』日本経済新聞社）。

Dchwah,Klaus,(2018), *Shaping the Fourth Industrial Revolution.*（小川敏子訳（2019）『第四次産業革命を生き抜く』日本経済新聞社）。

DIAMOND ハーバード・ビジネス・レビュー編集部編訳（2016）『人工知能——機械といかに向き合うか』ダイアモンド社。

Kurzweil,Ray,(2005), *When Humans Transcend Biology*, Loretta Barret Books.（井上健監訳（2016）『シンギュラリティは近い——人類が生命を超越するとき』NHK 出版）。

松尾豊（2015）『人工知能は人間を超えるか——ディープラーニングも先にあるもの』KADOKAWA。

中山健・丹野勲（2023）「テレワークにおける職務満足度の要因分析——在宅勤務を対象として」、『経営行動研究学会年報　第 32 号』、pp.60 – 64、経営行動研究学会。

小高智弘（2015）『人工知能入門』共立出版。

Schonberger,Viktor,Mayer, and Cukier, Kenneth,(2013), *BIG DATA.*（斎藤栄一郎訳（2013）『ビッグデータの正体』日本経済新聞社）。

Kurz,Constanze,and Rieger,Erank(2013), *ARBEITSEREI.*（木本栄訳（2018）『無
　　人化と労働の未来――インダストリー4.0の現場を行く』岩波書店）。
高垣通（2016）『ビッグデータと人工知能』中央公論社。

著者紹介

丹野　勲（たんの いさお）、分担：1 章、4 章。

現職：神奈川大学経営学部・大学院経営学研究科教授。学歴：筑波大学大学院経営政策科学研究科修士課程修了、筑波大学大学院社会工学研究科経営工学専攻博士課程単位取得満期退学（筑波キャンパス）。学位：博士（経営学）。専門：国際経営、経営学、国際比較経営、歴史比較制度、日本企業の海外進出の歴史と戦略、国際地域研究（アジア・太平洋）。主要著書：『異文化経営とオーストラリア』（中央経済社、1999 年）、『ベトナム現地化の国際経営比較—日系・欧米系・現地企業の人的資源管理、戦略を中心として』（原田仁文氏と共著、文眞堂、2005 年）、『アジア太平洋の国際経営—国際比較経営からのアプローチ』（同文舘、2005 年）、『アジアフロンティア地域の制度と国際経営—CLMVT（カンボジア、ラオス、ミャンマー、ベトナム、タイ）と中国の制度と経営環境』（文眞堂、2010 年）、『日本的労働制度の歴史と戦略—江戸時代の奉公人制度から現在までの日本的雇用慣行』（泉文堂、2012 年）、『日本企業の東南アジア進出のルーツと戦略—戦前期南洋での国際経営と日本人移民の歴史』（同文舘、2017 年）、『戦前の南洋日本人移民の歴史—豪州、南洋群島、ニューギニア』（御茶の水書房、2018 年）、『国際・歴史比較経営と企業論—モダン・情報化・グローバル化・SDGs と経営行動』（泉文堂、2021 年）、『日本の国際経営の歴史と将来—アジアとの交易・投資の通史と国際交流』（創成社、2021 年）、その他多数。

中山　健（なかやま たけし）、分担：2 章、3 章。

現職：共立女子大学ビジネス学部教授、神奈川大学大学院経営学研究科非常勤講師。学歴：筑波大学大学院経営政策科学研究科修士課程修了（筑波キャンパス）、東京大学大学院教育学研究科博士後期課程単位取得満期退学。学位：博士（学術）。専門：経営学（経営戦略論、経営組織論）、中小企業経営論、起業論、国際経営論（実証研究を主にしている）。主要著書：Nakayama,T.(2022).The Impact of Specific Work Experience of Japanese SME Employees on Entrepreneurial Intention, *Oradea Journal of Business and Economics*, University of Oradea, vol. 7(2), Nakayama,T.(2019).The Impact of Job Autonomy, Psychological Empowerment, and Japanese-Style Management on Work Performance and Organizational Commitment, *SBS Journal of Applied Business Research*, Swiss Business School, Zurich, Switzerland、『ビジネス学への招待』（共著、中央経済社、2023 年）、『新時代の経営マネジメント』（共著、創成社、2018 年）、『21 世紀中小企業のネットワーク組織』（共編著、同友館、2017 年）、その他多数。

神奈川大学入門テキストシリーズ

データサイエンスと経営学
——研究方法、データ分析、フィールドワーク

発行日　2024 年 2 月 13 日　第 1 版第 1 刷発行

編　者——学校法人神奈川大学 ©

著　者——丹野 勲

　　　　　中山 健

発行者——橋本盛作

発行所——株式会社御茶の水書房

　〒113-0033 東京都文京区本郷 5-30-20　電話 03-5684-0751

印刷・製本——モリモト印刷 株式会社

Printed in Japan

ISBN978-4-275-02187-8 C1034

神奈川大学入門テキストシリーズ

会　社　を　読　む
——会計数値が語る会社の実像
田中弘 著
A5判・六八〇頁
本体九・〇〇〇円

パン屋さんから学ぶ会計
——簿記・原価計算から会計ビックバンまで
柳田仁 著
A5判・六二〇頁
本体九・〇〇〇円

三つの流通革命
中田信哉 著
A5判・六二〇頁
本体九・〇〇〇円

宅配便の秘密
齋藤実 著
A5判・六二〇頁
本体九・〇〇〇円

経済のグローバル化と日本
秋山憲治 著
A5判・六二〇頁
本体九・〇〇〇円

わかりやすい貿易実務
中野宏一・三村眞人 著
A5判・八〇〇頁
本体九・〇〇〇円

グローバル化と世界
——ワールドカップを通して見た世界
後藤晃 著
A5判・五八〇頁
本体九・〇〇〇円

金融・証券ビッグバン
——金融・証券改革のゆくえ
鈴木芳徳 著
A5判・五八〇頁
本体九・〇〇〇円

御茶の水書房
（価格は消費税抜き）